U0138829

父母難為：臺灣青少年教養的社會學分析

吳明燁　著

五南圖書出版股份有限公司

自　序

　　2010年，我向國科會（現在的科技部）提出這本專書寫作計畫時，心中的想法非常單純，就是想把自己從博士論文一路以來的零零散散的研究發現與心得，做一個整體的回顧與檢討，希望能夠藉著爬梳過去的「成果」，讓未來的研究有更準確的焦點。沒想到，就這麼「簡單」的工作，卻讓我足足牽腸掛肚了好幾年。我的心得是，要把一個研究主題透過書籍撰寫方式，深入完整且清晰精確的表達出來，實在比寫期刊論文艱難太多了。

　　在這漫長的寫書過程中，我們社會接連發生了「鄭捷在臺北捷運上隨機殺人」和「臺大生張彥文街頭殺害前女友」兩大社會事件。媒體與社會大眾除了指責加害人殘暴沒有人性外，更不斷地肉搜他們的父母，怒問「你們把孩子教養成這樣，難道不必負責嗎？」針對父母的責任，有的人認為「孩子都成年了，應該自己負責」，有的人則認為「孩子這麼偏差，不是一天造成的，父母沒有察覺沒有加以導正，就是失職，應該為失職負責。」父母難為！身為父母者面對孩子的過錯除了難過、自責，也常有力不從心的壓力。我認為將鄭捷的殘暴和張彥文的偏差歸因於父母失職，是簡化了教養的概念，也忽略了父母角色結構的矛盾性。

　　教養是一個社會行為而不是一個單純的個人行為，它的複雜程度遠超過個人經驗所能領略與個人能力得以操控的範圍。本書從社會學的觀點論述教養的本質與內涵，並運用中央研究院社會所執行的「青少年成長歷程研究計畫」蒐集之長期性調查資料，分別針對臺灣家庭的教養類型、家庭階層的教養風格以及教養對於青少年發展與親子關係的影響等主題，進行實證分析，最後根據研究發現提出父母難為的結構性因素。我希望社會學的觀點能為經歷教養困境的父母們找到「你的，也是社會的」答案。

　　一本書的篇幅雖然不小，但是要將主題面面俱到的又抽絲剝繭的討論清楚，還是不容易，加上量化研究比較受限於標準化的操作模式，有些提問找不到

充足的資料可以回答，有些似乎已經可以看到的答案卻因為沒有足夠的證據而不敢多說。就這樣，小心翼翼有點畏首畏尾的，把這本書寫完了。

本書能夠順利完成，我要特別謝謝中央研究院社會所伊慶春教授，因為沒有她主持的「青少年成長歷程研究計畫」，我個人是不可能蒐集這麼長期追蹤以及問卷內容如此豐富的研究資料的。在此，獻上我深深的敬意與謝意。我也深深感謝專書計畫審查人和書稿審查人，他們提供的意見與建議，往往在我拿不定主意或陷入苦思時，發揮燈塔的功能。特別是書稿審查人，他們針對全書架構提出建設性的意見，並且很有耐心的仔細挑出書中前後不一致與矛盾的論述。這些意見與建議不僅讓本書的品質大大提升，更讓我從中發現自己學術不足之處。對我而言，這個磨練的過程雖然痛苦，學術上和心智上的收穫卻很豐富。

我要特別感謝我的同事、好友還有我的家人。他們在我這段「跑馬拉松」的期間，不斷聽我的問題、給我意見，還以各種不同方式為我加油打氣。我也感謝國科會（現在的科技部）專書寫作計畫的支持，沒有它的鼓勵與結案壓力，我大概不會讓自己吃這麼多苦頭，也就不會有這本書的產出。最後，要謝謝五南文化出版社，謝謝你們願意出版這麼一本艱深難讀、肯定不好賣的學術書籍。

我衷心期盼這本書能引起更多人關心青少年與教養的議題，同時歡迎人家對於書中缺失與未周全之處提出指正。

吳明燁 謹識

2016年1月15日

目錄

圖表目錄

第一章　導論

我是一個非常失敗的母親！我很自責！雖然已經竭盡所能的去做了，但事實的呈現卻是很殘酷！我想一定是自己沒做好母親的責任！但是誰能告訴我怎麼當母親才是對孩子好的呢？

（一位母親在Facebook的留言板上自述）

　　這雖然只是一位平凡母親的吶喊與憂慮，凸顯的卻是臺灣當前教養問題的嚴重性與複雜性。

　　教養帶來的親職壓力似乎已成爲現代父母的主題歌，難怪「虎媽的戰歌」（Battle Hymn of the Tiger Mother）一出版就登上暢銷排行榜，其他各式各樣談論教養的書籍也總是熱賣。求知若渴的父母們冀望從專家的指引或勝利者的經驗中找到通往「成功」之路，但是曾經盛行的通則並非放諸四海皆準，他人成功的經驗也無法複製，教養的挫折不間斷地在親子互動的過程中持續累積。這種情形在子女步入青少年時期尤其明顯，親子之間的衝突明顯增加了。即便親子互動良好的父母，也不免感受到「緊密」之外的「緊張」關係所帶來的壓力，以及子女傾向同儕而自己漸漸失去影響力所產生的教養無力感。

　　面對親職挫折，身爲父母者大多從自己或孩子身上找原因，例如：自己沒有耐心或孩子的個性倔強等，很少聯想到社會結構與社會變遷等因素對於親子關係與教養行爲的支配性與影響力，因而困坐於自責的愁城。事實上，教養不是單純的個人活動，「虎媽的戰歌」訴說的不是蔡美兒[1]個人的「作戰」經驗，而是成千上萬中產階級華人母親的教養經驗。父母如何教養子女不只受到親子雙方的個人特質及其家庭因素影響，更受制於社會建構之養育邏輯與文化框架（Arendell 1997），所以教養的挫折看似個人的問題，卻不容易從個人層次自行解決或突

---

[1]　「虎媽的戰歌」一書的作者，也是書中那位嚴管嚴教的母親。

破，必須從結構層面尋找困境的根源。尤其近代臺灣經歷急遽的社會變遷，家庭教養文化在傳統華人和西方民主文化交互影響下呈現新舊並立與東西雜陳的混沌狀態，什麼是好的教養方式以及如何教養子女，各方說法不同，莫衷一是，對於許多家庭有青少年的父母而言，的確是個難題。

一、如何教養子女？

如何教養子女？怎麼當父母才「好」？每個人都有自己的經驗也有個別的主張，這是一個見仁見智的問題。而每一個社會各有自己的教養邏輯，盛行於西方的「民主權威式」（authoritative parenting style）不見得適合華人家庭，所以這同時也是一個文化差異的問題。更重要的，教養文化並非固定不變而是隨社會變遷不斷演變與革新，當立基於「尊卑觀」的傳統教養方式和崇尚民主平等的新世代格格不入時，「以父母為中心」（parent-centered）的教養風格就逐漸被「以子女為中心」（child-centered）的風格取代，所以這也是一個社會變遷的問題。

無論從文化差異或社會變遷的觀點，包括信念、目標與行為在內的教養文化無疑是社會建構的產物，個人在教養與被教養的過程中，既是文化建構者也是奉行者，既要遵循社會的標準也要考量個人的特性，而社會標準與個人利益卻常常是衝突的。「好」的教養方式究竟該從個人的利益或是社會的觀點定義才妥當呢？這個問題也常讓父母左右為難。基本上，「以子女為中心」的邏輯放在社會利益的脈絡下有其矛盾性，尤其當子女的個人特性與水準偏離越遠則教養的矛盾越大。因此，子女利益與社會標準兩端之間的拔河是現代父母面臨的另一個基本困境。

教養（parenting）是日常生活經常發生且到處可見的行為，涉及的內容與對象相當多元廣泛，舉凡成人撫育或照料孩童與青少年的養

育活動都包含在內，但以父母對子女的社會化角色最爲核心也最受關注（Arendell 1997; Maccoby 1992）。父母對於子女不僅負有撫養的義務，更有教導訓練的責任，傳統中國社會甚至有「子不教，父之過」之古訓。除了傳承文化規範等社會性目標外，父母教養子女的主要目的在於滿足成長過程的身心需求並培養能力，以致教養的方法與內容隨著子女年齡階段而有所變化。青少年正面臨由兒童邁入成人的轉換階段，是一個嘗試錯誤的學習階段，所以教養的重心比較集中於教導而非撫養，強調引導（guidance）與訓練（discipline）的功能。

在性別分工意識形態的支配下，這些教養範疇內的議題大都被定義爲「女人的事」或者「媽媽的事」，很少被放在學術觀點下檢視，一直到1960年代西方家庭因社會變遷發生強烈的變化，才引起歷史學家、心理學家和社會學家的注意，而成爲兒童、青少年與家庭研究的主題（French 1995）。教養研究的對象也隨著性別意識抬頭、離婚率以及女性就業率升高而逐漸從母親擴大到父親或雙親（Cabrera et al. 2000）。

美國自一九七〇年代開始大量關注青少年的教養議題，大部分的專家學者從青少年發展階段的身心特質比較親子雙方對於父母權威的認定、運用、反應與影響（例如：Darling et al. 2008; Giordano 2003; Smetana 1988; Smith 1983; Smollar and Youniss 1989），並以華人在內的移民家庭的親子關係與教養方式爲跨文化比較的對象，探討何謂好的教養方式（例如：Baumrind 1991 & 1996 & 2012）。這些研究結果雖然豐碩，但受到「以子女爲中心」的思潮影響，大部分偏向於從「子女的利益」的角度，探討教養方式對於子女在學業成就、心理健康、社會適應或偏差行爲等各方面的影響（例如：Aquilino and Supple 2001），或者個人的與環境的因素如何妨礙親職角色的表現，進而減弱教養的功能甚至產生反功能（例如：Belsky 1984; Collins et al.

2000），很少研究者關注現代父母所面臨的教養困境與為難之處，即便觸及父母難為的問題也大多環繞在家庭資源不足而引發的親職壓力及其產生的負面效應（Deater-Deckard 2004）。

　　隨著快速的社會變遷以及西方文化大量輸入，臺灣父母面臨的困境可能比西方父母更為險峻。例如由西方傳來的「以子女為中心」的思潮快速成為教養的主流文化之際，現代父母雖然學習接受新的教養理念卻又無法拋棄傳統價值觀，對於父母的角色與權威感到特別的困惑與不確定。劉慈惠（1999 & 2001）以幼兒母親為對象的研究指出接受過大學教育的母親，大多傾向於西方「以子女利益為中心」的教養理念，也認定民主溝通的教養方式具有優越性，但受到傳統觀念的制約，他們仍然相信打罵之類的嚴厲管教有其必要性。這種傳統與現代理念之間以及理念與實踐之間的矛盾或解離，一直是現代臺灣父母普遍經歷的教養困境（林文瑛 2005；林惠雅 1999）。

　　何謂「好」的教養方式？從社會變遷與文化差異的角度可能獲致不同的答案，對於青少年發展有利的教養方式卻可能傷害親子關係，這些矛盾的現象導致父母難為的壓力無所不在。本書運用實證資料，從社會建構與角色結構的觀點，探討西方教養文化強勢輸入後，臺灣家庭教養邏輯的運作情形，比較不同家庭階層的教養風格，並且檢視各種教養方法對於青少年發展與親子關係的影響，從而詮釋「父母難為」這個普遍的社會現象。以下先從社會建構與社會控制的觀點，論述教養的概念，再闡釋「密集母職」的意識形態與青少年發展特質對於教養的影響與挑戰。

二、教養的概念

　　儘管先天基因論與後天環境論的爭辯始終不休，科學研究至今尚

無充分的證據可以否定人類行爲的獨特性是經由後天學習而來的。父母如何教養子女以及如何透過教養方式影響子女雖與人類的基因以及親子雙方天生的特質有關，卻非純粹生物性的本能。歷史學家依據俗民日常生活的遺跡（例如：日記、家書、或小說等），紀錄人類教養子女的歷史發展過程，並從不同時期不同社會的變化，發現人類教養文化的多樣性；社會學家則從歷史事件的脈絡，說明「青少年」概念與角色如何隨著社會經濟發展而被「發明」出來，以及人們如何建構教養文化與履行家庭社會化的任務。這些從社會歷史脈絡回顧人們如何建構教養文化的觀點與論辯有助於我們深入了解教養的本質、功能與限制。

（一）社會建構的產物

　　社會建構論（social constructionism）強調社會現象是社會互動過程中，人們認知到的社會事實，它不是自然存在的，而是組成這個社會的人與群體共同參與創造，逐漸凝聚而成的社會共識，並經由社會化的過程形塑個人的認知與經驗（Berger and Luckmann 1989）。這個說法反駁了本質論（essentialism）的觀點，強調人的行爲是社會化的結果，只有深入行動者所經歷的社會與文化脈絡，去探究行動背後的思維、信念與規範，才能了解行爲的意義。依此而言，爲人父母者如何教養子女，並非天生自然的本能行爲，而是從世世代代的生活經驗中累積而形成的知識與傳統學習來的技巧，即便「哺乳」這類看似本能的行爲，每個社會仍有其相約成俗的作法與看法。當然，父母如何教養子女絕不是單純的個人行爲而是文化約制下的社會行爲，如果只從微觀層次分析親子雙方之人格特質或個人條件的影響是不足夠的，必須進一步從社會結構與社會規範等視角加以探討才能獲得深入的了解，也才能找出父母難爲的癥結。

　　從社會建構的過程來看，教養的概念必須以一套連結「理念」與

「實踐」兩層面的邏輯來說明才得以精確而完整。「理念」是指社會對於父母教養子女所抱持的信念，包括目標、價值與規範，我們可以從態度層面探討父母在教養或指引子女時所持有之認知、情感及行為意圖而獲知；實踐則指依據教養理念而採行的方法或呈現的行為模式，例如父母期望孩子成為什麼樣的人以及建立什麼樣的親子關係，而在訓練或教養子女時，實際表現出的行為和做法（楊國樞 1981）。

林文瑛（2003）認為父母是根據他們自己長期經驗累積而成的信念來理解自己子女的行為，也根據這樣的信念來看待子女的發展，形成對子女的期待，並決定自己的教養行為。然而教養期望不只是父母對子女將成為怎樣的人所抱持的希望，也包含父母對於子女和自己關係所抱持的期待（羅國英 2000）。綜而言之，父母的教養信念以及他們對於子女的期望是決定教養行為的關鍵因素，而親子關係也是父母思量的重點。

教養的理念或實踐的方式都是社會建構的結果，也是社會化的內容，包含父母在撫育子女長大成人的過程中所表現的養育與照顧的目標與行為，除了生理需求的照顧、安全的照護、心理與情感需求的滿足，還有為了培養子女的生活能力而提供的教育與訓練，以及這些活動與行為所產生的知識、經驗與技巧（Arendell 1997; Horowitz 1995）。

社會建構是一個持續發展的動態過程，受到物質和文化條件的影響很大，具有時空特性。因此教養的定義、內容、評價與挑戰並非一成不變的，而是隨時空變遷不斷被更新。現代家庭受到個人主義盛行以及全球化帶來的高度流動性與不穩定性的影響，無論是結構或關係方面都呈現個人化的發展趨勢，例如：單親家庭或未婚父母增加、子女人數減少，以及個人自主性（autonomy）逐漸取代家庭生活的地位，成為現代人最關心的福祉（Cheal 2008: 34-44）。這些發展趨勢顯現子女的自主性提高而父母的權威（parental authority）式微了。更明確的說，親

子關係邁向平權化，不再是「子女服從父母」的傳統模式，而是彼此協商的夥伴關係（Cheal 2008: 102-105）。弔詭的是，個人化與全球化一方面限縮父母的權威，另一方面卻加重父母的責任與任務〔例如：「密集親職」（intensive parenting）倡導「父母應該盡其所能將精力與錢財投資於栽培子女的活動上」〕。這些矛盾的角色期待及其形成的壓力為現代的親子關係與子女教養帶來極大的挑戰，也使得教養研究的觸角必須從父母角色的功能面延伸至衝突面。

教養理念與行為除了反映主流的家庭文化外，也受到其他社會制度的影響。以現代社會而言，不斷擴展的教育制度對於青少年教養的影響最大。正式教育時間越長，教育競爭越大，父母的經濟負擔越重，如何進行教育投資並引導子女獲得學業成功的機會，儼然成為現代父母教養子女的軸心。不過隨著養兒防老的觀念日漸淡薄，子女不再是父母的資產，反而是一種負擔，有些學者已開始關注父母教育投資行為的變化及其發展趨勢（Kornrich and Furstenberg 2013）。

除了教育制度之外，總體經濟因素對於父母的教養任務也有舉足輕重的影響。美國社會學者Glen Elder（1999）以1920年代經濟大蕭條時期的美國中西部為背景，探究總體經濟如何影響家庭生活進而決定孩子一生的發展，其中父母因失業或貧窮因素而無法盡其教養責任是相當重要的部分。所以想要了解臺灣家庭的教養理念與實踐，除了主流文化之外，教育與經濟因素的影響也是不容忽視的。

個人如何做父母，除了受到主流文化的影響外，也因為族群或階級等結構因素的交互影響，而經歷不同的挑戰並採取不同的作為（Weininger and Lareau 2009）。所以教養研究不能忽略不同群體的人們可能因獨特的生活經驗而產生的文化多元性與複雜性的現象，特別是階層之間不同的教養方式是否導致社會不平等的問題必須加以重視。

臺灣社會受到西方文化的影響很大，尤其在「密集親職」（intensive parenting）意識形態席捲之下，這一代父母的教養理念和教養行為呈現什麼樣的變化？而這些變化有助於突破階級藩籬或反而增強了階級限制？是本書運用實證資料企圖回答的第一個問題。問題分析與研究結果詳述於第三章與第四章。

（二）社會控制的本質

　　教養文化是社會建構的。教養既是為了孩子好，也是為了社會好，具有社會性的目標。從歷史發展的觀點來看，西方的教養概念與施行根源於「童年」（childhood）與「青少年」（adolescence）等概念的出現，而且與教育發展密切相關。根據阿里葉（Philippe Ariès）的觀點，在中古世紀之前，人類社會並沒有「童年」的概念，嬰兒在自然環境中長大成人，自然而然的傳承父母的生活經驗與生產工作，並未被刻意照顧或栽培（Ariès 1962）。隨著教會與學校興起，人們才逐漸發現嬰兒與成人之間有一段獨特的成長階段，稱之為兒童時期，並認定孩子有純真的本性但需要大人嚴格的教化，才能超越本性而有更好的發展，「Spare the rod, spoil the child」[2] 教育觀於焉形成（Ariès 1962）。

　　不過，也有歷史學家從經濟變遷的觀點，提出不同的推測；他們認為十五到十八世紀的西歐社會出現資本主義，中產階級的父母擔心子女沒有足夠的能力來保護家庭財產，因此特別重視子女的教育與教養。歷史學家考察古代地中海區域的家庭文化更發現希臘貴族最早提倡教養的重要性並將之推廣於當時的上層階級，而後才慢慢為中下階層學習與效法（French 1995）。

　　顯然的，教養的出發點除了「為孩子好」之外，更有濃厚的「家庭利益」之考量。中上階層的父母因為擁有較多的家庭資產與較高的社會

----

[2] 近似中國諺語「不打不成器」。

地位，所以比下階層的父母重視子女教養。對於早期的社會而言，不同社會階層的教養經驗是相差很大的，教養概念的形成與施行應該是由上而下的發展模式，並隨著「童年」概念的普世化，而成為家庭的重要任務（French 1995; Heywood 2001; Sherif-Trask 2010: 106-107）。

到了十九世紀末，心理學家Stanley Hall從發展論的觀點，認定介於兒童與成人之間，是生命發展過程中一個自然而獨特的階段，稱之為「青少年」（adolescence），並且強調教育訓練的必要性，因為這個時期的兒童邁入青春期成為青少年之後雖逐漸擁有與成人相似的需要與能力，但社會與家庭必須提供足夠的教育訓練，才能確保他們得以充分發展自我潛能，做好成人角色的準備（Muuss 1988: 20-23）。

相對於Stanley Hall認定青少年時期是生命週期中自然普遍存在的一個過渡階段，Lapsley等人（1985）和Enright等人（1987）從經濟和教育發展的歷史事件脈絡反駁自然存在的「發現」說。他們主張「青少年」應當是工業化社會為了整體發展需要而被「發明」出來的概念，例如以家庭為基礎透過延長教育的方式，延宕個人獲得成人角色的時程，一方面解決勞動市場人力過剩的問題，另一方面強化年輕世代對於延續社會規範的承諾。從「發明」的觀點而言，青少年階段是「延宕償付的社會安排」（moratorium arrangement），是社會建構而非自然存在的。

回顧十九世紀工業革命發生後的西方社會，人口大量湧入都市，貧窮、家庭離散以及犯罪率升高等社會現象形成了一個不利於兒童與青少年成長的環境，青少年問題成為都市社會關心的議題，各種「解救兒童運動」（child-saving movement）應聲而起。當時「解救兒童」的對象指的是未被家庭良好教養的兒童與青少年，希望藉由強化學校教育或偏差矯治等公共服務方式加以導正，而主要策略集中於家庭或社會機構如何監督青少年防止他們「過早」從事成人的活動，整個社會運動的理念

與運作十分強調家庭教養的功能以及社會控制對這群不大不小的未成熟個體的必要性（Platt 1969）。

綜上所述，教養的活動雖然被認定為以「子女利益」和「為了孩子好」為目標，但社會控制的功能卻是相當濃厚的。這樣的社會控制一方面提供青少年充分發展自我潛能與社會學習的機會，另一方面卻壓抑他們自然的需要，造成身心壓力與地位的不穩定性。因此，有些社會學家認為青少年次文化基本上是一種反抗文化，是對於社會控制的反抗（Yinger 1960）。父母被社會賦予主要教養者的角色，是社會控制機制的代理人，因此常常成為青少年子女反抗的對象。

回顧「童年」到「青少年」的出現與發展的歷史，我們可以說「教養」既是社會化的策略也是社會控制的手段，父母教養子女除了幫助他們發展足以適應社會生活的人格與能力外，也傳遞社會價值觀與教導社會規範，進而達到維持社會秩序的目的。然而，社會責任有時候是與個人利益衝突的，這左右為難的教養困境不僅反映於青少年子女的反抗和親子衝突，也常令擔心孩子輸在起跑點與重視子女意願的現代父母感到無比的壓力。面對親子關係民主化的趨勢，以及青少年子女追求獨立自主的發展需求，以控制功能為導向的傳統教養方式是否仍然有效？對於父母角色與親子關係產生什麼樣的影響？是本書運用實證資料企圖回答的第二個問題。問題分析與研究結果詳述於第五章與第六章。

（三）以子女為中心的「密集親職」意識形態

臺灣父母的教養行為受西方教養文化的影響很深（林惠雅 2014；劉慈惠 2001）。何謂西方教養文化？簡單而言是以「密集母職」（intensive mothering）為核心概念發展出來的養育理念與養育方式。密集母職是以兒童為中心的教養邏輯，強調母職對於兒童發展的重要性，認為只有母親無微不至的照顧才能確保子女身心健康並有成功的未來

（Hays 1996）。何謂「好媽媽」呢？Hays深入訪談不同階層的母親後發現他們的做法雖然不同但為子女的福利自我犧牲的養育理念是相似的，例如：中產階級認為好媽媽是不去參加個人聚會而把時間留下來陪伴子女和她們互動，以及先把孩子的身心健康和生活照顧好再來做其他的家事；對於勞工或更貧窮的階級呢？好媽媽應該先讓孩子有足夠營養的食物可以吃，還有乾淨的衣鞋可以穿，才想到自己的需求。換言之，不論哪個社會階層的媽媽都奉行「孩子優先」和「一切為孩子好」的養育原則，只是生活型態不同而各有獨特的教養風格。

這些以中產階級母親為藍圖的角色期待不僅奠立了往後西方社會認知「好媽媽」的基礎，也影響了二十世紀至今的教養意識形態。在「密集母職」的意識形態不斷被強化之後，當今教養的概念具有濃厚的「刻意栽培」的意涵，不僅要求大量的時間、精力與金錢的投入，更依賴專家指導並開放成為公權力可以介入的範疇。這使得原本屬於私領域的教養議題逐漸成為媒體報導與討論的焦點，進而對父母角色之認知與表現產生一定程度的影響，親職壓力也因而提高（陳志賢、楊巧玲2011）。

「以子女為中心」的密集教養方式成為社會主流，但也引起相當多的批評與檢討，有些批評是針對母親角色提出的，有些則是關心兒童發展。關心母親角色者以Sharon Hays為首，他們從母職與就業之間的角色衝突指出「密集母職」可能成為女性追求自我實現與性別平等的障礙，也造成就業母親在家庭和工作之間難以兩全的壓力。以不同就業類型的母親為對象的實證研究指出「密集母職」的意識形態已深植人心，不論就業或全職母親都將母職視為優先任務，即使就業賺錢仍是以「為了孩子好」為前提，但對於孩子的影響其實是有好也有壞（Johnson and Swanson 2006）。他們發現父母提供包括情緒關懷在內的各項資源，雖然有利於提升子女的自我價值感（self-esteem），對於情緒發展

也有正面的效果，卻弱化子女獨立與自我負責的動機、降低與他人合作或建立互惠關係的能力以及產生依賴心強或挫折容忍力低等問題。尤其當父母爲了守護孩子的利益而提供無微不至的支持或過度介入他們的生活事務，成爲所謂「直升機父母」（helicopter parents）時，即使子女受益，父母自己的身心容易陷入負面的狀態，對於親子關係反而有害無利（Fingerman et al. 2012）。

事實上，這個起源於歐美而流行於美國中產階級的養育風潮不僅影響母親與子女的發展，更對於傳統的親子關係與教養方式帶來深刻的衝擊。首先，越來越多的母親投入就業市場，「密集母職」意識形態隨著母親們克服家庭與工作角色衝突的經驗而逐漸產生變化，這些變化包含父親積極參與教養工作，親職角色分工模式產生了變化，以及在時間分配的限制下，重質不重量的親子相處模式取代父母長時間陪伴在側的傳統方式（Cheal 2008: 96-106; Raley et al. 2012）。此外，爲了維繫親密關係，父母不僅重視子女的心理與情緒需求，還賦予他們更多的權力，導致父母的權威越來越小，親子之間的權力關係趨向平等，關愛與協商成爲父母權威得以維繫的基礎（Giddens 1992: 96-109）。

在「密集母職」的意識形態不斷被強化後，所謂「稱職」的父母不僅應該積極滿足子女成長的需求，更要避免任何妨礙發展的可能因素，尤其是心理與情緒上的傷害。因此，以傳統父母權威爲基礎的命令、體罰或責罵的教養方式不僅行不通，還被定義爲不良的教養方式，因爲體罰或責罵雖然可以快速達到管教目的，但可能造成情緒創傷或自尊受損，那些以親密關係爲基礎協商而來的結果可能才是對孩子有利的。換言之，說理、溝通與協商等民主式的策略，在「以子女爲中心」的密集式教養文化中，被普遍認定爲「好」的教養方法。

特別值得注意的是，密集式的教養文化不斷要求父母投入大量的時間與心力在孩子身上，除了影響親子雙方的身心發展與關係外，無

形中也擴大了階層間的差異，可能造成更大的社會不平等。Sayer等人（2004）以受訪者的日誌爲研究資料（respondent-reported time diary data），比較1965到1998年期間美國父母花在照顧子女的時間是否隨著女性就業率及單親家庭比例提高而呈現下降的趨勢。她發現1965至1975期間父母教養子女的總時數確實下降，但1975年之後，隨著整個社會強調兒童發展的階段性與重要性，父母花在子女身上的時間明顯增加，特別是母親投資了更多的時間與心力在各式各樣有助於兒童發展的活動。至於那些父母花費較多的心力與時間在教養子女呢？Sayer他們發現雙親家庭、高教育程度、晚生育以及經濟狀況穩定等是這個族群的主要特質。如果說密集親職有助於兒童與青少年發展，那麼當代的教養邏輯其實嘉惠了中產階級的子女，卻相對地不利於單親家庭與勞工階級的子女。

三、青少年與教養

　　大約從1970年代開始，「青少年」逐漸成爲社會學、心理學與教育學研究的重要對象之一，「青少年問題」更受到研究者的高度關注，舉凡青少年輟學、性交、懷孕、吸毒、使用藥物以及暴力犯罪等都被視爲嚴重的社會問題。但是大部分研究者都認爲青少年偏差行爲的問題是可以預防的，也多半是暫時性的，因爲青少年時期是一個人由兒童轉入成年時期的過渡階段，他們內心渴求自我認同而外在行爲卻受賀爾蒙變化因素而容易衝動且善變，此時的偏差行爲大多起因於好奇心或急於模仿大人，而非眞正的反社會因素。同儕交往是青少年的社會生活重心，也是影響青少年行爲的重要因素。年齡相仿的同儕朋友因爲地位相似，容易發展出屬於他們自己的文化，進而相互加強，父母與同儕雖是兩個最重要的社會化角色，但因爲青少年容易將父母視爲追求獨立自主過程

中的束縛，轉而過度依賴同儕，因此這個階段的父母較難發揮教養的功
能，也容易陷入「管也不是，不管也不是」的兩難困境。

（一）青少年的發展特質

　　青少年的概念是針對個體的生理與認知發展及其特殊的社會角色而
定義的，但這個階段的過渡性質相當明顯，很難具體訂定標準，所以大
多數的研究者以年齡爲標準，將青少年定義爲生命歷程中十至二十一歲
的階段，並依教育學制區分爲青少年初期（10-15歲，小學中高年級至
國中階段）、青少年中期（15-18歲，高中階段）與青少年晚期（18-21
歲，高中畢業初獲成人角色的階段）（Adams et al. 1994）。隨著這些
生理、認知與社會發展，無論父母的教養行爲或親子之間的互動關係均
面臨嶄新的挑戰。

　　從生理發展方面而言，青少年時期始於第二性徵出現而止於生殖能
力發育成熟（Adams et al. 1994）。這個時期的個體除了身高體重與外
型出現急遽改變之外，因爲賀爾蒙變化的緣故，情緒的變化大而快，對
於異性充滿好奇與興趣，並且極欲嘗試大人的活動（Brooks-Gunn and
Reiter 1990）。由於身體外表的快速改變，青少年和父母雙方都面臨適
應的壓力與挑戰。父母一方面以爲孩子的心志與行爲表現也和外表變化
一樣，應有長足的進步，另一方面卻因爲擔心他們過早經歷成人的活動
而加強日常生活的監督，例如有些父母爲了避免發生懷孕事件而限制子
女與異性朋友交往。這些監督與限制在父母的眼裡是爲了保護子女，但
對於子女而言卻是不必要的約束，雙方的認知不同導致這個階段的親子
衝突較兒童時期增加許多。

　　根據Piaget的認知發展階段論，青少年和兒童的分野在於多元抽象
思考能力的差異。隨著智能發展逐漸進入成熟，青少年的思考與解決問
題的能力都有明顯的進步，對於父母的依賴相對降低，甚至出現質疑與

反抗的現象。在社會認知發展方面，青少年也進入新的階段，友誼與同儕交往逐漸取代父母的陪伴與引導而成為社會生活重心。這些認知發展上的變化及其帶來的多元社會互動經驗，使得青少年擁有更多自我決定的能力而不必像兒童時期那樣完全仰賴父母提供的資源，但也可能遭遇同儕與父母之間意見與觀點不同而引發衝突（Holmbeck et al. 1995）。此時，如果父母不能彈性調整管教方式，讓子女有較多自我決定與自我管理的餘地的話，親子之間的衝突勢必成為困擾。

總而言之，青少年無論身心發展或社會角色都處於成長轉換的不穩定階段，對於親子雙方而言都是生命歷程中極具壓力與挑戰的時期。不同於童年階段對父母的全然依賴，青少年階段正面臨「自立分化」（individuation）所帶來的「離合危機」，在擴展社會關係尋求自主的同時又需依賴父母的支持與支援，面對的是「自主」（離）與「依賴」（合）之間的矛盾（Giordano 2003; Smollar and Youniss 1989）。這個時期的子女對於父母的參與和介入容易出現矛盾的情感反應，加上親子雙方對於青少年自主管轄之範圍和權限的認知並不一致（Smetana 1988; Smetana and Asquith 1994），父母管教子女時常常陷入「做也不是，不做也不是」的「左右為難」的角色困境。

對於當代父母而言，青少年教養的挑戰比過去更大，因為物質條件進步的關係，兒童比以往更早進入青春期，但現代社會的複雜性以及快速的社會變遷卻延緩了他們進入成人角色的腳步，這些身心發展與社會發展不一致的結果導致角色轉換的過渡時期不斷延長，容易出現因父母保護不足而「過早獨立」或父母保護過度而「無法獨立」的危機（Baumrind 1991）。

（二）同儕影響勝於父母影響？

從社會建構的觀點而言，教養是集體行為，反映家庭制度中父母

角色與親子關係的內涵與變遷。但是從個人行動的層次而言，教養是親子之間雙向的互動經驗，會因雙方個人特質與環境因素而不同，尤其子女的年齡往往影響父母的教養行為。青少年正處於兒童至成年的過渡時期，他們一方面仰賴父母的支持另一方面又抗拒父母的約束。這種角色轉換的社會適應與離合焦慮的心理壓力不僅影響青少年的身心健康，更挑戰教養的難度與困境。在這角色轉換的過程中，青少年的社會關係逐漸從家庭向外延伸，同儕之間不僅互動頻繁，彼此之間更經由分享想法、意見與活動而建立親密感。相對的，親子之間相處時間不僅較兒童時期大量減少，情感上的親密度也因互動減少以及青少年發展獨立自主的需求而降低。

面對青少年的社會關係由過去以父母為中心轉向以同儕為主所帶來的變化，最令人關心的議題之一是同儕影響是否凌駕甚至取代父母影響？這個階段的教養有何效應？早期研究青少年的學者（例如：Coleman 1961）經常將同儕視為父母的對立者，認為同儕影響是負面的而且會稀釋甚至全面取代父母影響，所以常常把偏差行為歸因於「交到壞朋友」，假定那些「以同儕為中心」（peer-oriented）的青少年較常出現違反社會規範的價值觀與行為。但過去數十年所累積的研究成果顯示父母扮演子女社會化過程中最重要的角色，當子女進入以同儕互動為主的青少年階段，仍對其具有舉足輕重的影響力，只是影響的途徑不同以往（Collins et al. 2000）。事實上，同儕交往對於青少年發展同時具有正面功能且是父母角色無法取代的，例如：同儕之間平等而互惠的關係有助於青少年的社會性發展（Youniss 1980），而且團體規範的壓力可以避免中途輟學（Steingberg and Brown 1989）等。網路興起後，青少年更有機會跨越地理環境的限制和不同文化背景的同儕交往或擴增參考團體，有助於提升社會適應力（陳俞霖 2002）。所以父母的影響和同儕的影響傾向於互補而非對立的，父母角色的重要性並未受到同儕影響

而消失。

Kandel（1986）從社會化的觀點，認為父母影響青少年子女的領域以基本價值觀為主，例如：宗教活動之參與或升學計畫等，而同儕的影響則偏向於生活型態的選擇與行為模式（包括正向的行為與反社會行為）等，兩者分工而不分立。Steinberg and Brown（1989）以青少年的學業成就為主題，比較父母與同儕的影響，也得到與Kandel頗為一致的結論。他們發現青少年在長期性的目標方面（例如：升學計畫）受父母的影響較大，但立即性的行動方面（例如：準備考試的作為）卻較受同儕的影響。一般人很容易從直接觀察到的行為面高估同儕對於青少年的影響力，而忽略了父母對於子女的基本且長期的影響。

至於同儕的負面影響，並非單純「近朱者赤，近墨者黑」的社會化作用，因為同儕影響的面向、過程乃至於結果是相當多元而複雜的，必須考量個人以及環境因素的交互效應，而父母角色與親子關係是其中非常重要的影響因素（Youniss and Smollar 1985）。Brown（1990）認為同儕團體對於青少年的影響只是強化並無改變的作用，因為同儕之間的結盟大多基於人格特質與價值觀的相似性，在「物以類聚」的基礎上形成的。所以，在他的眼裡，有問題行為的青少年並非因為歸屬於有問題行為的同儕團體而「學壞」了，反倒是本來就有問題行為者，經由團體歸屬而更增強其問題行為。美國研究青少年教養的知名學者回顧有關同儕因素的爭論後確認「物以類聚」做為解釋同儕影響的觀點已獲得多數實證研究的支持，並指出父母在子女篩選同儕朋友的價值判斷以及能否抵抗同儕之不良影響等友誼發展方面均扮演重要的角色（Collins et al. 2000; Giordano 2003）。張明宜與吳齊殷（2013）分析臺灣青少年友誼網絡對學業成就之影響，也發現家庭背景相似性是同儕結盟的基礎。

從態度影響行為的路徑來看，父母對於青少年之同儕結盟和活動參與扮演極為重要的過濾者（filter）的角色。許多比較教養類型的研究

進一步發現父母的管教方式具有調節（moderating）同儕影響的作用。具體而言，父母適時與適當的管教可以提升同儕的正面影響，「不適當」的管教則強化同儕的負面影響，而適當者通常指的是民主權威式（authoritative）的教養行為，不適當者以威權式（authoritarian）或冷漠式（neglectful）為主（Bogenschneider et al. 1998, Small and East-man 1991, Youniss and Smollar 1985）。不過，西方社會定義的適當與適宜的教養方式是否適用於臺灣社會，值得研究。

　　總而言之，過去數十年累積的研究成果推翻了社會對於青少年同儕團體的兩大迷思，其一是青少年階段是同儕取向的社會關係，父母難以發揮影響力，其二是父母和同儕處於對立的角色，同儕傾向的青少年容易出現問題行為。事實上，同儕團體對於青少年固然有立即的影響力，但是父母的影響卻有其立基性與延續性，不僅在同儕結盟扮演過濾者的角色，更在同儕影響的過程中發揮調節的作用。對於父母而言，這個時期的挑戰不在於子女和同儕的互動，而是管教方法的適宜性。

　　有鑒於教養理念、行為與實施結果都可能因社會文化脈絡不同而出現差異性，本書運用本土實證資料檢視臺灣家庭在西方文化強勢影響下如何教養青少年子女。這些實證資料不僅以臺灣青少年及其父母為蒐集對象，問題設計也以本土經驗為主。

四、本書實證資料之來源與運用

　　本書使用的實證資料，來自於中央研究院社會所執行的「青少年成長歷程研究」計畫[3]（Taiwan Youth Project，簡稱TYP）。這項計畫採問卷調查法以長期追蹤研究設計方式，從家庭、學校與社區等三個

---

[3] 計畫網址：http://www.typ.sinica.edu.tw/

領域，蒐集臺灣青少年成長過程之生活經驗。自西元2000年執行至今（2016年），已完成共十一波的問卷調查工作。以下分別說明TYP計劃之研究對象與抽樣方法、問卷調查內容以及調查方法與成功率：

（一）研究對象與抽樣方法

　　TYP的研究對象為臺灣地區的青少年，但考量長期追蹤的困難與挑戰，僅以臺北市、臺北縣（改制新北市）及宜蘭縣之國中學生為抽樣的標的母群體，其中不包括夜間部、補校及進修學校之學生。由於研究計畫開展之際正逢升學制度發生重大變革，研究團隊為了考察教育改革對於青少年發展的影響，同時針對當年平均13歲的國中一年級學生（新的升學制度）和平均15歲的三年級學生（舊的升學制度）追蹤調查，建立了兩套資料系統（分稱為國一樣本與國三樣本）。另外，為增加資料的豐富性與多元性，調查對象除了學生本人之外，還包括學生的家長（父親、母親或親職代理人）一人以及國中時期的導師。學生家長調查與追蹤期限與學生相同，但導師部分則僅限於國中階段。家長部分雖然只訪問一人，但調查的內容涵蓋父親和母親，家長受訪者必須同時回答自己的與配偶的基本資料、經歷與教養行為。

　　抽樣以班級為單位，採多階層叢集抽樣法。首先依鄉鎮區之都市發展程度分層：臺北市十二個行政區分為三層，臺北縣共二十五個行政區，烏來及平溪因為原住民鄉或地處偏遠，被排除在抽樣架構之外，其他二十三個行政區分為三層；宜蘭縣共有十二個行政區，三星鄉、大同鄉及南澳鄉亦因屬原住民鄉或地處偏遠之故，而被排除在抽樣架構之外，其他九個行政區分為兩層。分層後，採用叢集隨機抽樣（cluster）方式，先以「學校」為單位，再以「班級」為單位，分兩階段抽選出共81班包含2,696名學生的樣本名單；樣本學校依縣市言，分別為臺北市16所學校，新北市15所學校，和宜蘭縣9所學校。

（二）問卷調查內容

　　TYP計畫以研究青少年成長歷程爲主題，尤其關心青少年在所處之社會脈絡下如何受到重要他人的影響，因此青少年在人際關係互動、友誼網絡、親子關係與師生關係的變化都是調查的重點，城鄉背景、社會階層、性別規範及環境資源等各項結構性因素亦是重要的基本資料。問卷內容除了上述面向外，還包括補習經驗、社團與社區參與、宗教信仰、兩性交往、休閒活動、消費行爲與偏差行爲等青少年與青年階段關心的主題。問卷設計的內容以青少年本身的經驗爲主，父母問卷和導師問卷之設計則以對應學生問卷爲原則；比較特別的是，問卷題目設計除了盡量和主要文獻之測量方式一致以利於跨文化比較之外，本土性的獨特經驗、作爲與問題更是調查的重點。

　　由於本書的分析重點在於青少年階段的經歷，需要涵蓋青少年初期至中期之完整資料，因此使用的分析資料來自國一樣本，主要以學生及其父母的問卷調查爲主。由於本書的主題爲青少年教養，問卷資料之選取以調查時間介於國一至高三階段爲主，也就是以第一年至第六年的調查資料爲主，若有例外，將於各章中詳細說明。各章主要變項測量使用的問卷題目均臚列於附錄。

（三）調查方法與完成率

　　TYP資料採用問卷調查法蒐集，學生部分以自塡問卷爲主。國中階段採班級施測，自2000年起逐年定期施測，完成率幾乎到達九成九；高中階段由於學生分發至不同學校，改採電話調查方式進行，問卷完成率也逐年下降，以國一樣本爲例，第四年（高一階段）爲87.31%，第五年完成75.2%，雖然採取多種調查方式加強追蹤成效，但第六年的完成率僅達67.73%。家長問卷調查部分是採一對一的面訪方式，分別於學生國一、國三和高三時期與學生問卷調查同步進行，完成率分別爲

98.89%、75.04%和66.73%。樣本磨損率逐年升高是長期追蹤研究必須盡力克服卻難以完全達成的問題。為了避免磨損率高導致樣本缺乏代表性而影響研究結果，本書進行跨階段（國中至高中）分析時，運用Heckman model（Winship and Mare 1992）建構樣本偏誤的修正因子（a correction factor for selection bias），並將之做為修正抽樣偏誤的控制變項。詳細的操作方法說明於各章節。

五、本書章節的重點

　　本書從社會建構的觀點，首先說明教養的內容與意涵，回顧「童年」與「青少年」等概念的緣起及其社會控制的本質與特性，並分析「以子女為中心」的「密集親職」意識形態如何成為現代教養的核心思想並衝擊華人傳統的教養理念與方法（第一章）。由於青少年時期正是追求獨立自主與嘗試錯誤的學習階段，教養的挑戰比任何階段都大，加上現代社會不斷限縮父母權威，在西方教養文化影響下，臺灣父母教養子女的主要方式為何？是否呈現階級不平等的現象？能否發揮適當的功能？以及如何影響親子關係？都是當前研究青少年教養的重要議題，也是本書探討的主要問題（第二章）。

　　為了具體回答上述問題，本書運用本土實證資料，分析臺灣父母的教養類型，比較中國傳統的「管」與西方「民主權威」教養邏輯之異同（第三章），以及不同家庭階層的教養風格，並檢視教養階層化的現象（第四章）。再從青少年階段自主與依賴的離合困境與父母角色矛盾性的觀點，分析教養行為對於青少年發展與親子關係的影響（第五與六章），最後提出教養的難題與挑戰（第七章）。

　　考量資料與研究問題的切合性，本書第三章和第四章著重臺灣父母教養經驗之探討，故以家長（教養者）問卷資料為主，測量題目之選用

側重本土性的經驗。至於第五和第六章之主題以青少年的表現和反應爲軸心，所以主要的資料來源是學生問卷，也就是根據被教養者的察覺與認知檢視教養效應。由於越來越多的父親開始參與教養活動，有些研究甚至發現父親參與教養對於青少年在情緒發展與教育成就的正面效應並非母親教養所能達成（Cabrera et al. 2000），本書第五和六章的重心在於教養效應，因此這兩章的資料分析均依父親模型和母親模型分別處理，並檢定性別效應。

　　最後，本書運用國中階段（青少年初期）的實證資料，分析臺灣家庭的教養方式並檢視教養對於子女學業成就、自尊、偏差行爲以及不同階段（由國中至高中階段）親子關係的影響。爲了能夠具體評估父母的教養理念與作爲，並凸顯教養的衝突與壓力，研究的焦點直接設定於華人最重視的教育議題，以國三階段的升學考試爲目標調查父母的教養行爲。這樣的研究設計雖然目標明確且能有效的觀察到實際的教養行爲，但是這段「非常時期」的作爲與經驗可能和非升學期間的「承平時期」仍有些微差異，讀者參考研究結果時，務必謹愼留意。

第二章　變遷中的父母權威與青少年教養

　　無論古今中外或東西方社會，大多強調教養的重要性，認為父母擔負教養的重責大任，會深深影響子女的成敗，所以不論社會型態如何變遷，父母角色總是受到高度的社會關注。中國儒家文化認定「子不教，父之過」，將子女的過失歸因於父母教養不當。現代社會比過去更強化父母的角色責任，提倡強力培養子女邁向「成功」之路的教養邏輯，儼然已成為目前最盛行的意識形態。這套隨著工業化社會發展而醞釀形成的意識形態，不僅支配西方父母如何養育子女，也成為本世紀全球各地中產階級家庭追隨的風潮（Cheal 2008: 96-106）。現代父母不僅責任重大，還得接受公權力和社會輿論的強力監督（陳志賢、楊巧玲2011；趙蕙鈴 2011），就像隨時披著盔甲的戰士，在戰歌聲中，為子女的「幸福」全力以赴。

　　矛盾的是，現代教養越來越加重財務投資、勞務密集以及情感灌注等父母責任，而父母權威（parental authority）卻隨民主化潮流不斷縮限，如何在「責大權小」的前提下管教子女，成為現代父母最大的挑戰。更有甚者，越來越多的研究結果挑戰過去廣被引用的教養決定論，認為教養的主要功能在於調節個人特質和環境因素的效應，而非具有直接影響力（Collins et al. 2000）。稱職的父母必須像專家一樣，能夠偵察子女的特性並為他們準備適合的成長環境。這些社會趨勢與基因研究的突飛猛進突顯了父母角色的轉變與挑戰，尤其在教養任務方面，現代父母面臨了史無前例的不確定性與壓力。

　　本書的主要研究資料來自於1987或1988年出生的青少年及其父母的成長與教養經驗。這些家庭見證了臺灣自1970年代從農業社會進入工業社會後，歷經工業化、都市化、解嚴以及經濟轉型等巨大的社會變遷，及其帶來的社會結構與價值觀的革新，也因此他們受到傳統教養文化的制約可能較小，西方文化的影響反而較為強烈。對於這群出生於1960年代的多數父母而言，遷居都市就業，而後在都市成家過著核心

家庭生活，在沒有長輩同住支援下靠自己養兒育女，大概是許多離鄉遊子的共同經驗。

工業化不僅改變傳統的家庭居住型態，也提升了家庭經濟所得，進而提高了教育水準。1990年代，臺灣國民所得從70年代的350美元左右飛升至8,000美元以上，到了2000年更成長至14,500美元以上；接受大專教育的人口從5%上升到20%以上。隨著經濟發展，臺灣的就業人口也逐漸從農業轉至工業與服務業，90年代後期的服務業人口比例已經超過五成[1]。更重要的是，臺灣於1987年結束了長達三十八年的戒嚴時期，民主化取代威權成為社會互動與決策的主要方式，從國家到家庭到人際關係都追求以民主取代威權的互動方式。

這些社會變遷創造了比過去富裕、自由開放並且以小家庭為核心的教養環境，加上有些父母因為教育提升和工作緣故，有能力有機會並且渴望接觸西方專家提供的新知，都使得傳統的教養理念與方法產生質與量的變化，而這些變化革新了傳統父母角色的運作方式，也加深親職文化的矛盾性，讓處於東西文化並存而且子女正處於追求獨立自主階段的父母感到特別困惑與徬徨。

除了東西文化並存產生的教養困惑可能影響教養效應外，「密集親職」意識形態盛行的結果造成更大的階級限制，對於勞工階級子女也更為不利，如何突破階級限制也是現代教養面臨的挑戰。再從教養行為的後果來說，青少年追求自主卻又依賴父母的特性加上親權式微，傳統威權式管教被視為不適宜，如何管教才好？尚無定論，也令現代父母無所適從。雖然「密集親職」加上「以子女為中心」的西方教養觀十分推崇高支持與高控制的民主式管教，但是從父母角色結構的矛盾性來看，對青少年發展最有效的教養方式卻又可能帶來最矛盾的親子關係，這又讓

---

1 資料來源：行政院主計處國民所得統計與中華民國統計資訊網人口及住宅普查。

人左右爲難。以下將先論述父母權威變遷對於青少年教養的挑戰，再針對這些挑戰形成的教養困境加以說明。

一、父母權威的變遷

父母如何教養子女並維持特定的親子關係，是父母權威運作的過程與結果，例如：權威型的（authoritarian）父母和其他類型的父母比較起來，最擅於運用父母權威要求並控制子女；放縱型（permissive）的父母則相對是放棄父母權威的。所以目前廣被引用的教養型態（parenting styles），其實是父母權威類型（patterns of parental authority）的實踐方式。Baumrind（1971）雖然沒有針對父母權威的概念提出任何說明，但從她給系列論文的首篇下了Current Patterns of Parental Authority的標題，可以看出父母權威和教養的關聯性。

權威（authority）和權力（power）是兩個相似的概念，均論及社會關係中某個角色（人、團體）得以影響其他角色的能力，但是權威論及的關係較爲特殊，通常都有法律上或道德上的約束，例如家人之間就因性別、年齡和輩分等權威而形成不平等的關係，權威分配一旦變化，角色規範與關係也必然隨之調整（Wolfe 1959）。由於父母扮演重要的社會化角色，社會賦予父母高度的教養權威，尤其當子女年幼時，父母應該管而且子女必須聽從的範圍幾乎無所不包。但是隨著子女成長，親子之間的資源差異越來越小，加上社會民主化，人們崇尚平等的親密關係，親子關係從權威服從邁向民主協商，父母權威有明顯下降的趨勢（Cheal 2008: 102-105）。這些變化對於父母如何執行教養任務帶來不小的衝擊。

父母權威是父母角色的權力基礎，也是檢視教養行爲之合法性與適當性的社會標準。傳統社會強調服從的重要性，所以父母教養子女最

重視行為規矩之訓練以求達到大人的期待，而為了維護父母權威，傳統社會總是設法讓父母（尤其父親）和子女保持一定的距離，必要時再佐以體罰，強制子女接受父母的決定。這種「以大人為中心」的教養邏輯在父母權威至上的時代被視為是正確合宜的。當民主化的社會來臨，親密關係也走向民主化。公領域強調的理性、平等和協商等觀念逐漸進入私領域，成為處理人際關係的準則時，父母權威卻被當成應該拋棄的包袱，因為人們深信優質的親子關係，建立於父母和子女彼此之間的深知與了解而非父母權威，父母只有親近子女並與之建立緊密的情感聯繫才能發揮影響力（Giddens 1992）。即便親子之間的相互依賴程度遠高於其他社會關係，在民主化的家人關係裡，父母權威已經不能保障父母對於子女的影響力了。

父母權威褪色的另一個主因和教養目標轉變有關。現代社會組織的分工狀態日益複雜且變遷快速，學習為自己的事情做決定以及和他人協商等自主判斷的能力，變得比服從守分的訓練更重要。為了培養自主、自信、自律同時有能力做決策的下一代，專家建議父母放棄強制性的權威，改為站在「以子女為中心」的立場，採用說理、溝通與協商等民主方式，才能達到現代的教養目標（Cheal 2008）。

協商（negotiation）可謂是現代教養的核心概念之一，它指父母和子女彼此不是上對下而是平等的夥伴關係，雙方都可以提出自己的看法，來相互溝通說服以達致共同的決定（Bois-Remond 1995）。Finch和Mason（1993）使用「協商的家庭責任」（negotiating family responsibilities）來形容現代的家人關係，依據他們的觀察，家人之間的權利義務是藉由情感交流而協商出來的結果，不再像過去必須按照社會規範全盤照收。Cheal（2008）更用「協商的童年」（negotiating childhood）一詞說明親子關係由「民主－協商」取代「權威－服從」已是無法抵擋的潮流。

　　隨著「密集親職」意識形態盛行以及社會關係全面民主化，現代父母角色歸納起來具有以下特質：（一）在權責對應方面，呈現責大權小的現象，父母權威減弱但責任卻不斷增強，甚至被社會期待不容犯錯或失職；（二）在親子關係方面，偏好民主與平權模式，父母不再依靠傳統的權威命令子女服從，取而代之的是親子雙方的溝通與協商，所以父母不再被期待爲老師或領導者的角色，而是能與子女平起平坐的溝通者與協商者；（三）父親與母親角色的分際趨於模糊，性別與親職功能的對應性逐漸消失，但是母親仍然擔負較多的教養工作；（四）父母角色的學習是專家教育而不像傳統社會可以依賴上一代的育兒傳承，現代父母必須學習不斷推陳出新的養育知識並接受專家的評價；（五）照顧與教養是父母的義務（也是子女的權利），但和傳統比較起來，父母傾向於單向付出，無法期待子女對等回報。這些角色特質反映了現代父母應爲與所爲的內容與方式都和傳統社會大不相同了。以子女爲中心且細膩盡責的教養方式成爲跨階級的社會圖像，也是主流社會評斷父母角色表現的標準。

二、「東」張「西」望的教養方式

　　父母權威的認定與變化深受社會文化影響，並非放諸四海皆準。臺灣民眾受到儒家思想薰陶，以孝道爲核心的代間關係相當穩定，父權文化的運作法則持續維持，至今未斷（伊慶春 2014）。從這個社會趨勢看來，臺灣父母權威可能較西方社會大。李美枝（1998）深入訪談臺灣的大學生後發現，「傳統親權威勢」在平順的日常生活中大多是隱形的，但是在親子意見相左而父母動之以情再說之以理，子女仍然不爲所動時，才會被父母拿出來發揮強制作用。換句話說，父母雖然實施民主管教但內心仍然沒有放棄父母權威的落實。這樣「先民主再權威」的

教養方式看起來合理順當，但訴諸權威的做法其實是違反民主原則的，容易引起子女的反抗，也容易造成父母內心衝突。現代父母在傳統嚴教觀和現代民主教養觀的雙重標準下，容易陷入「東」張「西」望的矛盾中。因此，只有深入理解東西方不同的教養邏輯，並從矛盾中發掘父母難為之處才能評斷什麼是好的教養方式。

相較於西方以個人主義為基礎的教養文化，中華文化自有一套獨特的教養邏輯，從對人性到對兒童的看法，都和西方不同。中國人如何看待兒童與青少年？如何定位這個階段的意義呢？相對於教會與工業革命對西方社會的影響，中國社會關於童年與教養的基本觀念可從儒家思想找到根源（Chao and Tseng 2002:60; Wu 1996）。儒家（尤其孟子）主張人性本善，認為兒童天真無邪，就像一張白紙，容易受到環境的影響而變壞，如果不施以嚴格的管教無法成才。所謂「近朱者赤，近墨者黑」正是形容人性與環境的關係，而「孟母三遷」的故事則指出父母的責任及其對子女的影響。

傳統的中國社會以家庭為兒童教育與教養的中心，父母被賦予教導子女的重責大任，是子女的第一位老師，也是子女終生的楷模（Wu 1996）。中國諺語「子不教，父之過」清楚地規範著為人父母的教養責任。中國人奉行家族主義，教養不僅僅是親子之間權責對應的問題，更是關乎家族榮辱的事情。對於中國人而言，教養的主要目標不在於個人福祉而是為了維護家族的和諧與增進家庭整體的福利，所以孝順父母與服從長輩是中國教養文化的核心概念（Wu 1996）。相對於西方重視子女的潛能、意願及幸福以至於強調個人獨立性、自信與創造力的培養，中國人的傳統教養理念具有濃厚的集體意識與道德意涵，父母教養子女比較著重於克己、服從與盡責等道德能力的訓練（Ho 1986）。

自二十世紀初期以來，西方社會「以子女為中心」的教養觀透過媒體與專家傳播，深深影響臺灣社會對下一代的養育方式（陳志賢、楊巧

玲 2011）。中產階級父母尤其喜歡跟著西方走，他們比上一代花更多
的心思關注並學習如何教養子女，學習的管道也非傳統式以父母或長輩
為對象，而是像西方人一樣透過閱讀教養相關書籍或參加親職講座等途
徑，獲得有關教養的專業資訊（劉慈惠 2001）。這些透過專家宣揚與
傳播的教養文化，強調父母應重視孩子的意見及情緒上的需求，做孩子
的朋友，和孩子之間發展一個平權的關係。對於自小接受傳統教養長大
的父母而言，學習這些密集親職以及民主化的教養理念與方法，內心不
免衝突或擔心新的教養方式會不會和主流文化脫節，而對孩子不利。因
此，大多數父母採納西方教養方式，卻也不放棄傳統的想法與做法。

　　在中國傳統與現代教養兩個不同價值體系的影響與衝擊下，臺灣父
母的教養方式的確有「東張西望」的表現。朱瑞玲（1986）的研究發
現七○年代的臺灣家庭，父母仍期望孩子具有負責、勤勞、孝順和忍耐
等傳統美德，不若西方父母那麼重視好奇與獨立特質，管教方面則通常
採取誘導式的權威方式，亦即父母仍保有極大的獎懲權力，但允許孩子
解釋也願意和子女溝通。這些現象反映出父母在管教態度上雖較過去開
明，對子女未來的期望仍趨向傳統與保守，在管教方法上運用一些民主
方式，但仍以權威式為主。

　　劉慈惠（1999）根據訪談資料指出這一代年輕的父母受到中國傳
統與現代教養兩個價值體系的衝擊，在教養子女的過程中，常常對於父
母角色與權威的界定感到疑惑與不確定，因而在威權與民主教養方式
之間掙扎。近年的實證研究除了肯定臺灣父母已普遍採取「以子女為中
心」的教養方式外，更發現父母在擔憂「子女輸在起跑點」的心態下，
為了讓孩子發展得「更好」，因而衍生出一些特別的教養形式，例如：
以「代勞」的方式取代要求或以付費方式請老師或補習班代理親職（趙
蕙鈴 2011）。這些在舊思維和新方法無法相互配合而發展形成的教養
形式，雖然巧妙的避免了可能因為父母嚴厲要求而產生的親子衝突，但

也減少了因父母陪伴與親子互動而產生的幸福感。

三、家庭階級的限制

　　社會變遷的腳步及其產生的效應並非呈現出全面一致的現象。從不平等的父權體制發展至民主式親密關係的社會變遷過程中，不同性別、階層和社會文化群體之間的經驗可能都不太相同。即使民主化的親子關係盛行，父母權威仍以不同的形式，支配著許多家庭的親子互動與教養行為（Jamieson 1998:171-172）。以社會階層為例，當中產階級的父母全力並快速因應密集與民主式教養潮流而調整自己的角色時，許多中下階級的父母卻仍然相信自己對於子女擁有很高的決定權，比較不願意開放協商的機會（Bois-Remond 1995）。這對於子女的發展是否產生決定性的影響？是否造成教養階層化的現象？一直是社會學家相當關心的問題。

　　Cheal（2008）認為二十世紀以來不斷擴展的教育體制不僅未能分擔親職任務，反而加重並延長了父母的責任與義務，是影響親職角色的主要外部因素。現代社會將教育成就視為父母教養子女的重要目標，父母最重要的作為，是提供子女良好的教育機會並協助他們獲致學業成功。所謂「稱職的父母」不僅傾力教導子女獲得學業上的成功，更不吝於教育投資，以確保子女能獲得最佳的教育，進而在職業上取得優勢地位。換句話說，「密集親職」的教育策略是金錢與時間心力雙管齊下的投入，缺一不可。弔詭的是，金錢與時間心力的投入所對應的角色規範基本上是相互對立的，大多數的父母很難同時達到兩項要求，對於勞工階級更是極大的壓力。

　　臺灣當代女性對於母職的認同與西方女性相似，對女性「成為母親」持以高度肯定，也認為母親是母職實踐過程中，不可替代的角

色，而母親能否滿足孩子的需求，更關係著孩子未來的發展（潘淑滿 2005）。當母親感受到工作角色影響母職表現時，通常以家庭為重，不是放緩職業生涯的進展，就是放棄工作成為全職母親，尤其子女年幼需要密集照顧或子女處於升學階段需要全心監督時，臺灣母親退出職場的比例最高，加上就業市場的結構不利於二次就業，全職母親是許多臺灣女性婚後的主要角色，中產階級的家庭尤其明顯（Yi and Chien 2002）。這些中產階級的母親把養育兒女尤其教養責任視為「社會責任」而非「個人小事」，全心全力參與孩子的成長過程外，更以自己的專長投入社會活動，努力讓自己成為「優質母親」（唐文慧 2011）。

　　「優質父母」責任的落實需要各種物質與情感條件配合。許多父母因為家庭結構或物質條件的圍限，無法「善盡責任」，成為「不大理會子女」的父母（Finch and Mason 1993）。Giddens（1992: 105-109）更指出有些父母因酗酒、吸毒或其他因素無法成為稱職的父母，反而淪為「有害的父母」。事實上，父母角色表現非常多元多樣，階層化的現象更是普遍易見，也難怪「以子女為中心」的親職角色一直被批評是以歐美中產階級白人家庭為藍圖設計的，未能如實反映不同種族與社會階層的家庭經驗（Lareau 2002）。

　　功能論依據兩性的生物性特質，為父親和母親的角色建立了一套分工的架構。在功能論的觀點之下，父母角色是功能性的安排，母親是家庭的感情領航者（the expressive leader）和子女的主要照顧者，她除了提供子女日常生活的照顧外，還藉著她和孩子之間緊密的情感連繫，對孩子進行社會化；而父親則扮演工具性的角色，負責家庭與外在社會世界的連結，供給子女社會地位與生活所需的物質，讓母親可以專心於母職（Parsons and Bales 1956）。就親職角色而言，母親扮演情感性的角色，是子女的主要照顧與教養者，父親則扮演工具性的角色，在子女照顧與教養方面是個輔助者，這套性別分工模式是為中產階級家庭設計

的藍圖，對於勞工階級的子女卻非常不利。

　　總而言之，父母的教養方式受到階級的限制而呈現不同風格，中產階級因為家庭結構完整加上資源豐足，比較能夠提供無微不至的照顧並採取「以子女為中心」的民主式教養。

四、親權式微的管教方式

　　青少年是兒童邁向成人階段的轉換時期，在這角色轉換的過程中，青少年的社會關係逐漸從家庭向外延伸，親子關係首當其衝受到影響，而衝突的增加是最常見的現象（Allison and Schultz 2004）。這個時期的青少年不僅面臨社會關係的擴增，也同時經歷生理的與認知的急遽發展，可以說正處於相當不穩定的身心狀態，尤其10至15歲的青春期（或稱青少年初期）常被稱為「風暴與壓力」（storm and stress）時期（Brooks-Gunn and Reiter 1990），是教養歷程中常讓父母左右為難的階段（Baumrind 1991）。這個階段的親子關係一方面因為子女追求「獨立自主」的發展需求，而出現相當明顯的變化，這些變化包括父母權威逐漸減弱而親子之間的權力結構趨向平衡、親子相處的時間變少、情感上的親密度降低，以及生活上的衝突增加等（林惠雅 2007；羅國英 1996；Baumrind 1991）。

　　另一方面，這個年齡階段的父母容易遭遇「中年危機」的困頓，他們因子女即將離巢和自己準備退休而面臨的身心狀況與社會關係的變化，所帶來的挑戰並不亞於青少年子女（周玉慧等 2010）。因此，在這中年與青少年相遇的家庭生命階段，無論父母或是青少年都處於混亂與不穩定的狀態，雙方都需要重新省思彼此的關係並調整彼此的互動模式。如何因應親權式微與親子關係的改變而選擇適宜的管教方式，更是父母這方不得不面對的難題。

　　子女追求獨立自主的需求與父母權威之間的相互推移可能是親子關係發生變化的核心因素，尤其這個階段的青少年偏向高估自己的自主表現，而父母卻傾向於低估子女的自主表現，兩者之間的落差往往造成親子衝突（黃聖桂、程小蘋 2005）。如果父母不能和子女維持良好關係，保持他們在子女心目中的參考地位，並隨著子女年齡增長而擴大子女自主表現的程度與範圍的話，親子之間的距離會越拉越大（Holmbeck et al. 1995）。林惠雅（2007）綜合青少年自主（autonomy）與依附（attachment）之各項研究觀點與發現後指出，獨立自主是個漸進的發展過程，並非一夕完成的，而且獨立並非意謂必須脫離父母或去除依附，因為青少年學習自己做決定的過程，仍需要父母的情感支持與實質協助，緊張或疏遠的親子關係反而不利於發展獨立自主的能力。

　　獨立自主的重要性和文化及社會價值亦息息相關。華人社會重視家人之間的相互性，如何成為獨立自主的個人，反而不若如何扮演好家庭關係中的角色來得重要。臺灣身為華人社會的一員，一方面深受家族主義影響，對於孝道、順從長上與家人之間禍福相倚等傳統價值觀仍崇尚奉行（葉光輝等 2006；蔡勇美、伊慶春 1997），另一方面受到西方「以子女為中心」的教養風潮影響，也開始重視「自主性」的發展問題。然而，個人自主與家庭福祉常常是魚與熊掌難以兼顧的兩端。現代父母雖然相信自主能力的重要性，但仍無法完全拋棄家庭主義的思想，因而面對青少年子女追求個人的自由與自主時，容易陷入左右為難的矛盾困境。余德慧與顧瑜君（2000）深入分析十位父母的離合經驗後指出，父母面對青少年子女從原生的共和關係開始分離成為「分立的自我」時，只能「留在原處」被動的接受「離」並設法維持「合」。因此，當「離」的正當性越被社會強化時，父母內心的掙扎與無奈就越大了。

　　面對上述挑戰，父母對於青少年階段的子女應該繼續保護管教還是放手讓他們自由闖蕩（letting go）、自主學習才是恰當的教養方式

呢？許多研究者分別從精神分析論（psychoanalytic perspective）與行為論（behaviorist perspective）的觀點提出看法並從事許多實證性的研究（例如：Barnes and Farrell 1992），而這些實證研究結果大多支持各自的理論觀點，呈現出公說公有理婆說婆有理的局勢。精神分析論主張青少年需要從過去依賴父母轉為情感上的分離以及行為上的自主，而行為論強調「過早」的自主可能帶來的危機，認為父母必須持續管教青少年子女的行為。這兩種公說公有理婆說婆有理的主張，其實就是父母教養青少年子女經常面對的「放手」或「不放手」的矛盾與難題。何謂適當的管教方式？對於家有青少年的現代父母而言，真是個難題。

五、緊密又緊張的親子關係

從教養角色結構而言，父母擔負社會化的任務，「要求」子女遵守社會規範是他們的主要責任，但遇到子女反抗或挫折時，又常常需要給予「溫暖與支持」，才能順利完成教養的任務。「要求」和「溫暖與支持」同步運用是一種雙面手法的策略。依Parsons的觀點，其運用基礎乃建立於親密的親子關係，子女因為害怕失去父母的關愛而服從父母的要求，父母也靠著「撤回關愛」（love withdraw）的威脅而得以控制子女。Parsons認為親子之間的親密情感已取代傳統的權威成為現代父母控制機制的基礎，並且樂觀的指出母親既理性又感性的操控子女是理想的社會化模式，能夠有效的發揮父母角色的功能。

Parsons視親密情感為當代父母控制子女的基礎，Giddens（1992）則認為民主方式才是父母控制機制的精髓，因為親密情感是親子之間在平等關係下，經由講理、溝通與協商的民主方式，所獲致的「深知」。換句話說，親子之間的親密關係建立於彼此的深知與了解。然而，深知常被用來當作控制的基礎。許多中產階級的父母在子女步入青少年階段時，試圖用溝通的方式傾聽孩子的心事，去進入他們的內心世界，

但也藉由溝通後的了解，去監督他們以達到控制與影響的目的，這種「假民主」的教養方式對於修正不適宜的態度或行為有一定的效用，但對於追求獨立自主的青少年而言，卻是單向情感揭露的壓力，為了免於被控制，自然不會對父母知無不言言無不盡，而當父母察覺到子女有所保留或反抗的反應時，會有情感受傷或自責的現象，甚至反過來被子女控制以換取子女的信賴與依賴（Brannen et al. 1994; Solomon et al. 2002）。Youniss and Smollar（1985）以美國青少年為樣本的實證研究也發現，母親經常妥協或犧牲父母角色的權威，和子女像朋友一般的互動，藉以保存親子之間的正向關係。

從角色運作的結果來看，這種緊密又緊張、矛盾不一致的角色扮演不一定能達致預期效果，反而對互動的雙方帶來不信任、敵對或又愛又恨的情感（Luescher and Pillemer 1998）。Harris（1998）以獄卒和獄友的角色地位，比喻父母和同儕之於兒童的關係。對子女而言，父母和同儕之間是不可能相互取代的，有時候甚至處於敵對的關係。因此，父母犧牲權威「假扮」子女的朋友並非有效的教養策略，親子之間反而容易產生矛盾的感情。

中國人常以「打在兒身，痛在娘心」形容父母為了督促孩子學「好」，而不得不對他的不良行為予以體罰的心理狀態，這正反應為人父母者執行角色義務所承受的情感矛盾，而這種角色期待不相容的困境，也同時造成子女既想親近又想遠離父母的矛盾心態。對於重視親子情感的現代父母而言，矛盾的角色結構是父母難為的基本困境。

以上論述分別闡釋西風東漸後，「以子女為中心」的西方民主教養邏輯，如何挑戰東方「以父母為中心」的權威教養方式，如何影響不同階層的教養行為，以及在子女尋求獨立自主的階段，這些所謂民主教養方式對於青少年發展以及親子親係的影響。以下四章（第三至六章）將分別以實證研究資料及其研究發現，進一步檢視並說明本章所論述的觀點。

第三章　臺灣家庭的教養類型

　　人類社會爲了生存與延續，都有一套社會化的藍圖，並賦予父母主要的教養責任，這些教養信念與實踐方式的藍圖並非價值中立的，它反映了社會上大多數人的是非、好惡與重要性的判斷（LeVine 2003）。過去三十年來，臺灣社會在教育改革或公共論述方面涉及教育與教養的理念與作爲時，鮮少重視自身的傳統文化特性以及文化差異性的問題，反而十分強調西方文化的優異性，因而衍生更多的問題。許多研究臺灣父母教養議題的文獻，包括學位論文在內，也多傾向從西方近代「以子女爲中心」的觀點出發，並以Baumrind（1971）提出的教養方式（parenting styles）作爲研究典範。

　　這些移植模型的研究成果雖然有助於強化或修正西方的教養理論，卻可能誤導了我們對於真相的理解（Shek 2006）。例如：美國華裔家庭的教養方式，在西方標準下，經常被歸類爲高控制低支持或者說缺乏溫暖與關愛的「專制權威」型（authoritarian style），而此種不利於白人家庭子女之學業成就的教養方式卻被發現有利於華裔子女，甚至比大家公認爲最佳的「民主權威」方式（authoritative style）還要優異（Bean et al. 2006; Dornbusch et al. 1987）。這種令人不解的「矛盾」現象，其實是符合華人文化特性的，尤其中國人強調家族主義以及「萬般皆下品，惟有讀書高」的學業期望與教育抱負等，是迥異於西方社會的教養認知的（Chao and Tseng 2002; Steinberg et al. 1992）。若把華裔家庭的教養經驗放在華人的文化邏輯下詮釋，就可能得到正解。

　　近年來也有學者（例如：林惠雅、劉慈惠）訪問蒐集臺灣父母的教養經驗，從而歸納出本土的教養信念、目標與行爲方式，爲國內親職研究開啓新的思維方向。不過這些研究大多針對母職並以年幼子女爲對象，比較無法呈現青少年這個特殊階段的教養經驗與遭遇的問題，加上兒童階段的教養大多以親方爲主體，由親方單獨決定處理或對應方式，較少反應親子關係的對應性與矛盾性。因此，面對「中年遇上青少年」

加上「東方遇上西方」的衝擊時，這些本土的實證資料尙不足以針對臺灣家庭在教養過程所採取的方法、遭遇的問題與困境，以及親子雙方的情感糾葛，提出一套較爲深入且全面性的說明。值得特別留意的是，臺灣父母在西方文化衝擊下，教養子女的想法與作法和西方父母越來越相似，卻仍然保留中國傳統的價值觀，因而經常陷入兩套思想無法整合甚至衝突的困境（林惠雅 1999；劉慈惠 1999）。對於家有青少年的父母而言，這種因親職文化的矛盾性所產生的困境特別強烈，因爲這個時期的孩子正好進入升學階段，父母崇尙西方教養方式卻也擔心不採用傳統教養方式可能對子女的升學表現不利。因此，青少年階段的教養經驗最能凸顯臺灣社會獨特的親子衝突與親職壓力。

　　本章從文化差異與社會變遷的脈絡，比較中國傳統的「管」與西方「民主權威」的教養目標及行爲，進而梳理出兩套教養邏輯相通與相異之處，再運用「臺灣青少年成長歷程研究計畫」的問卷調查資料，分析確認臺灣父母的教養類型（「管」的類型）及其意涵，最後比較「管」的類型和「民主權威型」之間的異同。

一、西方「民主權威」的教養邏輯

　　自從Baumrind（1971）提出教養方式（parenting style）的概念之後，西方社會討論教養行爲時多將之區分爲兩個面向，一個是以提供感情與照顧爲主的支持面向，另一個是要求與約束爲主的控制面向，前者被詮釋爲父母對子女的支持、接納、溫暖與關愛，後者則爲監督、約束、訓練與要求（Maccoby and Martin 1983）。基本上，這兩個面向是對應父母權威與角色任務而形成的，其實施情形對於子女的發展產生重要的影響，因此引起學術界和實務界的高度關切。針對過去研究者各從單一面向來理解父母的教養行爲，Baumrind批評這樣的作法遺漏

了兩者的交互作用，造成無法掌握教養行為全貌的缺失，因此她同時從兩個面向定義教養風格並根據長期研究中產階級白人家庭所獲得的實證資料，歸納出「民主權威」（authoritative parenting）、「專制權威」（authoritarian parenting）和「寬容放任」（permissive parenting）等三種教養方式。

　　Baumrind的後續研究以及她的追隨者（例如：Baumrind 1991; Dornbusch et al. 1987; Lamborn et al. 1991）都一致發現「民主權威」的教養風格最有利於兒童與青少年發展，因為這類型父母與子女互動時既回應與支持孩子的身心需求，又握有教導的權力，能訂立行為規範與期望標準，並引導子女往父母期望的方式發展。相對的，「專制威權」型的父母與子女互動時，只要求孩子服從規則遵守標準，卻疏於回應孩子的需求，加上這類型的父母十分重視自己的權威，不重視孩子的反應，即便允許親子雙方之間的溝通卻又要求絕對的遵從，所以這類型父母教養出來的子女往往過於順從權威缺乏主見，或是過於反抗權威難以融入世俗而有社會適應的問題。

　　至於「寬容放任」的教養方式經Maccoby and Martin（1983）進一步區分為寬容放任型（indulgent parenting）與忽視冷漠型（neglecting parenting）兩種不同的類型。「寬容放任」的父母提供子女足夠的溫暖與照顧，但無法有效運用父母權威去要求子女遵守規範，而放任他們自我管理。由於父母的引導和要求較少，子女的學業表現與成就不及民主權威的教養結果，但親子間的衝突卻相對較少。至於「忽視冷漠」的父母通常有自己的問題，在自顧不暇的情況下既未關心也未要求子女，是屬於未負起教養責任的父母，因此這類教養風格最容易產生問題青少年。回顧近四十年的發展歷史，這四類型的教養方式可說是當今教養研究與實務領域中最具影響力的模型（robust model），不僅盛行於北美地區，也廣為亞洲地區引用。

　　雖然精神分析論主張父母應該放手讓青少年子女脫離對他們的依賴，Baumrind（1991）卻從兩方面強調「民主權威」教養對於青少年子女的功能，一方面是父母的要求與約束可以幫助青少年面臨角色轉換時堅守行為規範，並杜絕來自於同儕的不良影響；另一方面是父母的支持提供親子間理性溝通的學習機會，不僅有效化解青少年的反抗情緒亦有助於內化父母的要求。Baumrind的觀點反映了近代以美國為主的西方社會的教養邏輯，已廣為學術界與實務界引用而成為近代教養研究的典範。

　　教養是一個社會化的過程，教養行為的意義其實是十分目標導向的。從父母的角色來說，教養的目標不外為社會價值與規範之傳承以及能力的培養（Maccoby 1992）。什麼能力是最重要的呢？簡單而通俗的答案是「可以讓一個人在所屬社群中贏得成功的技能」（Ogbu 1981）。受到自由主義意識形態的支配，西方社會的教養目標在追求社會秩序與個人自由之間的平衡，所以對於能力的定義是兼顧社會利益與尊重個別差異的。「民主權威」被認定為最理想的教養方式，即因為父母在子女社會化的過程中，一方面必須嚴格要求子女遵守規範與達致預期目標，另一方面也必須高度回應與滿足子女個人的需求，以確保子女人格發展之健全。換言之，父母既扮演社會守門人的角色，也是子女利益的守護者，在不違犯他人的基本權利原則下，協助子女充分發展自我。

　　隨著全面民主化的社會潮流，親子之間的情感品質逐漸超越父母權威，而成為維繫彼此關係的重要基石，加上「密集親職」的教養理念大行其道，孩子的感受被珍視的程度已非傳統社會所能想像。在雙方平等的觀念下，親子之間的權利和義務與其說是人人應當遵守的社會規範，不如說是長年累積的「協商而來的承諾」（negotiated commitment）。子女成年後是否回報父母的養育之恩，端視親子互動所建立的關係品

質，而不單純是應不應該的問題（Finch and Mason 1993）。因此，對於青少年成長最有利的民主權威教養風格雖仍受到推崇，但它的實踐方法也隨著人們越來越重視親子關係的情感氛圍而產生變化。具體而言，「支持面向」因爲有利於發展正面的情感關係又可以調解嚴厲管教的負面影響，而不斷被強化，「要求面向」的內容與效果則因實證研究常有不一致的發現而較受質疑，目前可以確認的是比較符合民主原則的方法例如監督（monitoring）是公認合宜且有效的控制方式，高壓式的管教方法容易引起親子衝突而無法發揮功效（Crouter et al. 2005; McKee et al. 2007; Sorkhabi and Middaugh 2014）。總之，西方的教養邏輯是以子女發展之利益爲導向，爲了培養自主決定與追求個人目標的能力，父母依子女發展階段盡力滿足其在情感與生活等方面的需求，並依民主方式積極要求子女達到預期的目標。

二、華人「管」的教養邏輯

　　根據西方「以子女爲中心」（child-centered）的教養邏輯，華人家庭的教養方式，經常被歸類爲高控制低支持，或者說缺乏溫暖與關愛的「專制權威」型，這可能和華人對於父母控制（parental control）的文化詮釋以及情感表達的方式和西方社會不同有關。而這些差異或可追溯至個人主義與集體主義對於父母角色與親子關係的不同期許，所各自形成的教養邏輯。受到個人主義的影響，西方社會十分強調獨立（independence）的重要性，因此父母在子女的成長過程中扮演類似教練的角色，透過各種教養方法啓動與開發子女的內在能力，幫助他們順利發展爲獨立自主的個體。相較於西方的個人主義傾向，華人社會比較重視群體關係，但與其說華人是集體主義者，不如說他們是關係主義者，而維繫家庭關係的核心觀念正是孝道倫理。在孝道倫理之下，父母盡全力

教養子女，而子女除了善盡孝道外，還必須努力榮耀父母，這是雙方角色的積極義務，不能選擇（黃光國 2004；葉光輝，1996）。爲了維持家人之間恆久的相互依存關係（interdependence），傳統華人社會中的子女是家庭成員而非獨立的個體，能爲家人增添面子的社會目標往往超越子女的個人目標，而成爲教養的主要使命，因此爲了維繫家人關係並榮耀家族，父母教養子女時強調勤勉、服從與孝順的重要性，而子女也能了解父母嚴厲管教的意圖與苦心，即使不喜歡父母的教養方法也比較不會歸因於父母個人的因素或視之爲敵意（Chao and Tseng 2002; Kelley and Tseng 1992; Wu 1997）。

　　Chao（1994）曾經比較中國與歐洲移民媽媽對教養目標的看法，她發現中國媽媽認爲父母對孩子的愛，可以培養親子之間親密而恆久的關係；歐洲媽媽則強調父母的愛，可以提高孩子的自我價值感，對於孩子的人格發展非常有益。兩群媽媽愛孩子的程度是一樣的，但對於後果與目標的詮釋與期待卻全然不同。這些文化差異性不僅呈現於教養者的看法，子女詮釋父母的教養方式及其目標時，也展現與父母頗爲相近的文化圖像，例如，和歐洲同齡的青年比較，華人子女察覺到父母教養子女的過程中較常訴諸父母權威，也較常考量家庭整體利益（Li et al. 2010）。以移民家庭的青少年爲對象的調查研究也發現，亞洲移民家庭的父母對於青少年子女的心理與行爲層面的控制程度，都比歐洲移民家庭嚴格許多，但是亞洲青少年因父母控制而產生的憤怒感，卻遠低於歐裔青少年（Chao and Aque 2009）。可見，在關係導向的教養文化脈絡下，亞裔青少年對於父母控制的詮釋和西方社會的想像是不同的，直接從「民主權威」的教養概念來判斷華人的教養行爲並不恰當。從教養目標而言，華人的教養方式因爲講求人際關係的和諧與延續，以及追求家人之間的相互依存因而重視社會共同追求的目標，和追求個人獨立性的西方社會比較而言，相對忽略被教養者的個別差異與特殊需求。

　　除了教養目標不同外，中國人對於「如何教養才好？」也有一套異於西方的信念。林文瑛與王震武（1995）從中國流傳的「家訓」中所流露的人性觀、教育觀與懲戒觀，分析中國人的教養觀。他們發現傳統的核心思想是「嚴教觀」（例如：愛之深，責之切），它乃立基於「尊卑觀」（例如：天下無不是的父母）與儒家對於人性的看法。儒家思想主張人並非天生良善的，必須不斷的被琢磨才能成器，而父母是子女第一個也是終生的老師，在父尊子卑的角色關係中，子女必須服從父母的教導，並且體會父母的苦心（Ho 1986; Wu 1997）。所以打罵體罰雖然不是儒家推崇的教育方式，但是父母為了去除子女的惡習，使其明辨是非，而打罵子女是可以被肯定的，而子女也理解這是父母為了維護家庭榮耀的必要作為，不會因此而有受辱或受傷的感覺。這種「以家庭為中心」的管教方式在西方「以子女為中心」的教養邏輯裡是行不通的，因為從青少年發展而言，任何含有敵意的管教方法（例如：體罰或責罵）雖然可以快速達到目的，但可能造成孩子的情緒創傷或自尊受損，進而妨礙其身心發展，都是不適當的（Cheal 2008: 104）。

　　Chao（1994）以「管」的概念表達中國人教養子女的理念與方法，用來區別東西方對於「父母控制」（parental control）所賦予的不同意義。西方人視「父母控制」為威權宰制，會傷害子女的自主性與獨立性，但在中國人的教養文化中，「控制」（control）一詞相當於「管」（guan），也是「訓練」（training）的同意字。「訓練」不單是要求還夾雜著父母對子女的統理（to govern）與關愛（to love），既是嚴厲也是溫暖，可以達到教化的效果，而非純粹的支配或宰制。因為在「管」的過程中，父母不僅要求孩子，也自我犧牲奉獻，透過恩威並重的方式表達對子女的感情。不「管」孩子的父母反而被認為是不盡責的。因此，不論受到獎賞或懲罰，大多數的子女都可以同時感受到父母「賞中涵罰、罰中寓賞」的情感與心意（趙梅如 2004），這和西方

教養文化所詮釋的「專制權威」是不相同的。總之，中國人用「管」來體現父母對子女的教養，除了管教與統理（教）外，還包含支持與關愛（養）。

東西方父母在教養行為上另一個不同的地方是情感的表達方式。西方文獻經常把華裔父母形容為「威權的」與「高控的」，因為這些父母對於子女很少表現出讚美或擁抱等支持性的行為（Chao and Sue 1996）。事實上，在講究「權責對應」以及「身教重於言教」的儒家文化中，華人父母管教子女的方式非常直接，但是情感表達卻非常含蓄，外人很難從父母當下的管教行為中，觀察到他們深藏不露的關心、愛護和期盼，但是身為當事人的子女通常可以感受到父母對子女嚴厲管教背後「愛之深，責之切」的情感意涵（趙梅如 2004）。這種「似親不親」的距離感往往造成親子溝通的障礙，但也因「遠」而「敬」，反而強化了管教的效果（李美枝 1998）。所以「何謂好的教養方式？」，華人社會有其獨特於西方社會的文化邏輯，只從單一文化觀點做獨斷的定義，是不恰當的。

三、「支持―要求」與「費心安排―約束限制」

根據西方的教養邏輯，父母的教養行為包含「支持」和「要求」兩個面向，而「管」的教養方式因為缺乏符合西方標準的元素而經常被誤解。從過去相關研究提出的定義來看，「管」其實涵蓋了訓練（training）、羞恥（shame）、參與涉入（involvement）、民主權威（authoritative）、和自主性（autonomy）等多面向，且彼此互有重疊的教養理念。Lieber 等人（2006）從這些面向整理分析研究者常用的測量題目後，歸納出「訓練」、「羞恥」、「民主權威」與「自主性」等四套測量題組，並發現「訓練」和其他三項分別具有顯著的相關性。這些

實證發現，除了呼應Chao（1994）將「訓練」視為「管」的同義字，也顯示「管」不純然是控制管教，也蘊含父母關心子女等觀點，在概念上是和西方雙面向的教養方式（parenting style）十分對應的。

　　相對於西方「民主權威型」以「支持」和「要求」並用的方式教養子女，華人如何訓練子女呢？「民主權威型」被西方認定為最理想的教養方式，其主要的成功之道可歸結於「恩」（支持）與「威」（要求）並用的效果，而這種「恩威並重」的管教方式其實和中國傳統的「黑臉」與「白臉」的角色分工模式相似，都是建立於親職角色的對立作用，既以「恩」（白臉）調和「威」（黑臉）的嚴峻冷酷又以「威」來增強「恩」的慈愛溫暖。不同的是，傳統的「黑臉」與「白臉」是「『嚴』父『慈』母」文化下衍生出來的管教策略，因為中國人相信父親的嚴厲配合母親的慈愛，最能發揮父母權威而達到教化與訓練的效果，而「民主權威型」則推崇父母之間的一致性，亦即雙方都採取既「慈」且「嚴」的雙管齊下的教養風格，並不強調「恩」（母）與「威」（父）的角色分工。

　　值得留意的是，中國傳統的嚴父慈母的分工模式在臺灣已發生變化，母親因為擔任主要管教者的緣故，反而比父親更常扮演黑臉（林文瑛、王震武 1995），但母親們也常拿白臉來做為緩衝的策略，因為中國人相信「物極必反」，嚴厲過頭反而帶來不好的效果，所以當黑臉策略已經達到預期的效果時，她們會適時改扮白臉（Hulei et al. 2006）。這些改變顛覆了「嚴父慈母」的分工模式，「黑臉與白臉」不再是父母各司其職，而是一種恩威並行的教養策略，和西方盛行的「民主權威型」無論本質上或操作上都具有相似性。

　　「民主權威型」強調父母的溫暖關愛所建立的親子關係與家庭氛圍，有利於發揮父母要求與管教的功能，「管」或「訓練」的邏輯則認定父母為孩子犧牲與付出所產生的身教以及「子女不忍父母辛勞」的恩

情效應，可以強化要求與訓練的效果或消除子女對於父母管教的不滿。因此，華人父母經常用以身作則或工具性的方式（例如：進補、接送等），表達對子女的關愛與期望，並且為子女無法達到父母期望而自覺羞愧的效應預下伏筆，這些內涵是西方常用的支持量表無法測出的（李美枝 1998；Lieber et al. 2006）。因此，從父母犧牲自己為子女提供各種福利或服務等費心安排的作為，測量華人父母對於子女的支持表現可能更為有效並且可靠。至於要求的面向，西方父母十分重視人格發展與自主能力的培養，通常不會以嚴厲高壓的方式要求子女服從父的管教，而是採取比較民主的方式和子女說理、溝通或協商，但是華人父母受到傳統「嚴教觀」的影響，也相信子女能理解父母的苦心，所以採取規定或限制權益等直截了當的管控方式仍是相當普遍的現象。因此，比較「民主權威」與「管」兩套不同的教養邏輯之後，華人父母的教養行為似可對照西方「支持與要求」模式，區分為「費心安排」和「約束限制」兩個面向。

四、臺灣父母教養類型及其意涵

在「以子女為中心」和「密集親職」等西方思潮的影響下，臺灣家庭的親子關係已慢慢從「尊卑觀」轉向「類平輩觀」，導致以「尊卑觀」為基礎的「嚴教觀」難以為繼，連帶影響教養行為（林文瑛、王震武，1995）。「類平輩觀」相當接近西方社會強調的平權觀念，親子之間傾向於較為平等的關係，以致於過去以父母意志為主，強調「為子女好」的教養理念或可立即奏效的「體罰」管教，都被評論為不良的教養風格，西方倡導的「愛的教育」反而成為主流的理念。最近的實證研究更具體地發現臺灣青少年很少感受到父母的教養是嚴厲的，反而那些「溫情」、「監督」與「引導」等西方的民主式管教方法，才是現代父母最常採取的（林惠雅 2014）。不過，身為華人社會的一員，臺灣民

衆仍深受家族主義影響，對於孝道、順從長上與家人間禍福相倚之家庭
價值觀，崇尚奉行的程度依然不減（葉光輝等 2006；蔡勇美、伊慶春
1997）。最近的社會變遷調查結果，更顯示以家庭和諧和孝順爲核心
的家庭倫理，依舊是當今臺灣民衆最重視而且共識最高的核心價值（朱
瑞玲 2015）。

　　在這些支撐「嚴教」信念的傳統思想，逐漸被西方的個人主義與平
等主義取代，爲人父母者必須學習採用適合個人主義目標的民主教養風
格，但內心深處卻仍殘留著傳統的價值觀，因此容易陷入矛盾的教養困
境，也容易發生親子衝突。面對種種子女成長以及社會變遷的挑戰，我
們不禁要問「當東方文化遇上西方文化」後，臺灣父母的教養呈現什麼
樣的風貌？是否也呈現類似西方「民主權威型」的優異性？以及子女對
於父母教養類型的反應，是否一如西方觀點所言是嚴厲而缺乏關愛的？

　　以下運用「臺灣青少年成長歷程研究計畫」（該計畫之設計與執行
情形說明於本書第一章）的問卷調查資料回答上述問題，首先根據親方
報告的教養行爲，採潛在類型分析法（latent class analysis），確認臺
灣父母的教養類型，再從子方觀點檢視各種教養類型的意涵，最後比較
「管」的類型和「民主權威型」之間的異同。

（一）樣本與研究資料

　　由於本章主要在討論父母的教養方式，爲了凸顯華人父母重視教育
成就的文化特性，分析資料以國三升學階段（第三波，2002年）的家
長問卷爲主，剔除受訪者非母親或父親的個案後，共包含1,216位受訪
母親（75.1%）與403位受訪父親（75.1%）。這些受訪家長當時的平均
年齡爲44.21歲，將近二成具有專科以上的教育程度；18.7%從事專業
工作，29.3%從事服務或事務工作，19.6%爲技術或非技術勞工，以及
32.4%無業；其中將近九成（86.6%）的家長自陳是子女教養的主要決

策者,這表示此樣本是由負擔主要教養責任的父母所組成的,他們所表述的經驗與看法,具有相當高的代表性。不過,選用國三這個非常時期的親職經驗,檢視臺灣家庭的教養風格,雖能具體反映父母的教養觀與實踐情形,卻有其侷促性和特殊性,參考研究結果時必須留意。

　　本章除了確認父母的教養類型外,也檢定青少年子女的發展及其對父母管教的認知與反應,是否因不同教養類型而有顯著的差異,因此除了父母資料外,子女資料也是分析的重點。這些子女資料取自第三波(國三)與第八波(大二階段,2007年)的學生問卷。國三階段的樣本數為1,619,男性占50.6%,到了大二階段仍然提供完整資料的樣本數降至1,008,磨損率約35%。

(二)變項測量
1. 教養類型

　　「萬般皆下品,唯有讀書高」與「書中自有黃金屋、書中自有顏如玉」等諺語,道盡中國社會重視升學教育的普遍性,各個階層的家庭多將教育投資視為確保下一代能在社會穩當立足的最佳策略,所以提升學業成就,向來是臺灣父母教養子女的重要目標。青少年階段的子女不僅處於身心發展與社會角色的轉換期,也面臨升學的挑戰,父母在這個階段關心的焦點,大多環繞在子女的學業與學校活動方面,加上學校內的課業輔導與學校外的補習活動,幾乎已填滿中學生的日常作息時間,父母能夠關注或安排其他活動的機會相當有限。因此,直接以「父母如何管子女的升學與教育活動」測量青少年階段父母的「費心安排」與「約束限制」,比廣泛的測量方式,更能有效與精確地反映臺灣家庭的教養方式。

　　(1) 費心安排:臺灣父母通常會為升學階段的子女「提供較好的讀書空間」、「進補」或「要求家人多讓他一些」,自己也會「增加陪伴

小孩的時間」、「減少看電視的時間」或「減少社交休閒活動」。因此，本研究以此六項做為「費心安排」的測量指標。測量題目為「他（指受訪學生）在升上國三後，你有沒有因為他要升學而改變家裡的一些安排？」針對上述六項安排（詳如表3-1左欄），如果受訪家長回答「國中就有」或「國三才有」，即歸入「有」。統計分析結果（表3-1）顯示六成以上的父母曾經對於國三階段的子女提供較好的讀書空間，三成以上曾為孩子進補或調整自己的作息活動，「要求家人多讓他一些」的比例最低，未達二成。

(2) 約束限制：這一面向也以升學期間臺灣父母較常見的管教行為做為測量指標，包括「注意孩子與朋友的往來」、「限制孩子出遊或玩樂的時間」、「限制孩子使用電話與上網」、「限制孩子收看電視的時間」以及「規定孩子的生活作息」等五項（詳如表3-1左欄）。測量方式與「費心安排」相同。統計分析結果（表3-1）臺灣父母採用「約束限制」方式的情形似乎比「費心安排」更為普遍，幾乎一半以上的父母都會限制子女的社交或娛樂活動以及規定孩子的生活作息。

(3) 分析方法：為了區辨臺灣父母的教養類型，本研究使用Mplus 3.0統計分析軟體（Muthén and Muthén 2004），針對「費心安排」和「約束管制」共十一個指標，進行潛在類型分析（latent class analysis），藉以獲得「管」的類型及比例。運用潛在類型分析法的優點是可以從指標之間的關聯性，掌握到不同類型無法被直接測量得到的潛在特質與傾向（Clogg 1995）。關於類別數的模型選取，本研究以邱皓政（2008）建議之客觀標準為依據，包括AIC值、BIC值或adjusted BIC，並且考量各類別所占比例不宜過小以及類型之實際意義等原則。模型適配結果（表3-2）顯示，四類別模型之adjusted BIC值比三類型的低，又與西方教養方式的類別一致，易於比較，可謂較佳的選擇，故本研究採取四類別模型。

表3-1 「管」的行為指標與分布（N = 1,607）

行為面向與指標	父母回答「有」的比例（%）
支持面向：費心安排	
提供較好的讀書空間	64.4
增加陪伴孩子的時間	39.0
父母減少看電視的時間	38.8
為孩子進補	35.0
父母減少社交休閒活動時間	33.6
要求家人多讓一些	15.7
要求面向：約束限制	
注意孩子與朋友的往來	76.8
限制孩子出遊或玩樂的時間	62.1
限制孩子使用電話或上網	59.5
限制孩子收看電視的時間	58.6
規定孩子的生活作息	47.6

表3-2 潛在類型分析配適度

模型	AIC	BIC	Adjusted BIC	L^2	d.f.	P
三類別	19834.56	20022.93	19911.74	1602.49	2009	1.000
四類別	19633.79	19886.75	19737.44	1402.12	1999	1.000

2. 子女發展指標：學業成就、偏差行為和自尊感

為了檢視教養類型對於子女發展的影響是否呈現雷同於西方的模式，本研究以青少年階段最主要的內外在的發展表現為指標。學業成就的測量標準為第一次基測成績（等同於高中入學測驗），資料由國三導師提供；偏差行為包含「不遵守校規」、「蹺課、逃學或故意不去上課」、「喝酒、抽菸或嗑藥」、「考試作弊」與「在學校裡惹麻煩（例如：吵架、打架、在班上惹事等）」等五項，以「從未」、「偶

爾」、「有時候」、「常常」四點量尺計分，此五項目之內在一致性係數達.79，加總後之平均數越高代表偏差行為之頻率越高；自尊感的測量係由學生自我評估「我用積極樂觀的態度看待我自己」、「我很滿意我自己」、「我有時候覺得自己很沒有用」與「有時候我會認為自己一無是處」等四個陳述，其中後兩項為反向陳述，經過重新編碼後，四項目的內在一致性係數達.74，分數越高（介於1至4）表示自尊感越高，對自己越有正面看法。以上各變項之資料來源均為國三階段之導師（學業成就）與學生問卷（偏差行為和自尊感）。

3. 子女反應

過去的實證研究指出，親子雙方對於父母權威的認知與教養方式的覺察並不一致，單從一方理解可能無法捕捉真貌，也會誤判教養的效應（Smetana 1995）。由於上述的類型分析係根據親方的認知而獲得的，為了進一步確認「管」的意涵以及四種類型的特性，本研究比較子女的相關反應，並從國中階段追蹤至大學階段。國中階段的資料來自於國三時期的學生問卷中的兩道題目：「覺得爸／媽不關心你」和「覺得爸／媽管太多」，答項從「沒有」到「總是」，計為1至7分，分數越高表示越傾向負面反應。大學階段的資料來自於大二時期的學生問卷，測量題目分別為「爸／媽對你不聞不問」和「爸／媽對你要求太多，期望太高」，以「從未」、「很少」、「有時」、「經常」四點量尺計分，分數越高表示越傾向負面反應。至於父母管那些事情呢？

本研究先臚列「到朋友家過夜」、「每天幾點回到家」、「交男女朋友」、「在家的作息」、「上網時間」、「穿著儀容」、「有無翹課翹班」、「是否繼續升學」和「唸書考試」等九項，答項包括「不管」、「會管但不嚴」和「管得很嚴」等三類，再將後兩類合併為「會管」，並計算九項當中，父母「會管」的總計項數，分數（介於0至9）越高表示父母管越多。

（三）研究發現

1. 教養類型

　　潛在類別的命名必須反映出父母扮白臉（恩）與黑臉（威）的教養特質，才利於進行比較，因此本研究根據各類型指標之特質，將「管」的四類型分別命名爲「放手不管」、「扮白臉」、「扮黑臉」和「雙管齊下」。「放手不管」的教養風格被定義爲既少費心安排，也不加以約束限制，因爲這類父母的十一項指標行爲之條件機率均集中於「沒有」，類似西方的「忽視冷漠型」（neglecting parenting）。「扮白臉」的父母擅於費心安排但很少約束限制子女，較像「寬容放任型」（indulgent parenting）。「扮黑臉」的父母正好相反，擅於約束限制子女卻鮮少有費心安排的行爲，可比擬爲「專制權威型」（authoritarian parenting）。「雙管齊下」的父母則是既費心安排又高度約束限制子女，接近「民主權威型」（authoritative parenting）（詳見表3-3）。從分類結果與各類型的潛在內涵來看，「管」的類型和西方的教養方式（parenting style）是十分接近的：以青少年階段而言，臺灣父母的教養類型最多爲「扮黑臉」（33.5%），其次爲「放手不管」（28.4%）和「雙管齊下」（23.4%），「扮白臉」（14.7%）居末。以上結果詳見表3-3。

2. 子女發展與反應

　　雖然「管」的潛在類型和西方教養類型十分相似，從青少年發展的結果來看卻迥然不同。以學業成就、偏差行爲和自尊感等三項青少年階段至爲重要的發展指標爲例，變異數分析結果顯示，四種管的類型之間除了學業成就之外，其餘並無顯著差異，而學業成就經事後分析（post-hoc analysis）亦未發現類型之間的差異性（詳見表3-4）。由此推論，「雙管齊下」的教養方式對於子女的發展與表現，並不像西方之「民主權威」具有超越其他教養類型的優越性，這可能和親子雙方如何

表3-3　指標行為之條件機率與教養類型分布（N = 1,607）

指標行為		教養類型			
		放手不管	扮白臉	扮黑臉	雙管齊下
提供較好的讀書空間	有	0.025	**0.765**	0.071	**0.826**
	沒有	0.975	0.235	0.929	0.174
為孩子進補	有	0.052	**0.664**	0.209	**0.871**
	沒有	0.948	0.336	0.791	0.129
要求家人多讓一些	有	0.347	**0.683**	**0.687**	**0.906**
	沒有	0.653	0.317	0.313	0.094
增加陪伴孩子的時間	有	0.037	**0.765**	0.200	**0.854**
	沒有	0.963	0.235	0.800	0.146
父母減少看電視的時間	有	0.286	0.215	0.255	0.228
	沒有	0.714	0.785	0.745	0.772
父母減少社交休閒活動時間	有	0.031	0.155	0.163	0.342
	沒有	0.969	0.845	0.837	0.658
注意孩子與朋友的往來	有	0.126	0.223	**0.640**	**0.823**
	沒有	0.874	0.773	0.560	0.177
限制孩子出遊或玩樂的時間	有	0.225	0.395	**0.799**	**0.871**
	沒有	0.775	0.605	0.201	0.129
限制孩子使用電話或上網	有	0.148	0.294	0.387	**0.564**
	沒有	0.852	0.706	0.613	0.436
限制孩子收看電視的時間	有	0.431	**0.743**	**0.908**	**0.982**
	沒有	0.569	0.257	0.092	0.018
規定孩子的生活作息	有	0.151	0.487	**0.736**	**0.976**
	沒有	0.849	0.517	0.264	0.024
各類型所占的比例		.284	.147	.335	.234

說明：(1)本表資料係由Wu（2013）一文之表3-2.5修改而成的；
　　　(2)表格內的數字係回答「有」的條件機率（conditional probability）；
　　　(3)表格內粗黑字體的條件機率所對應的指標行為即該類型父母採取的主要管教方法，本文之類型名稱係根據每一類別之主要管教方法之綜合特質予以給定。

表3-4 管的類型與子女發展之差異性檢定（N = 1,321）

子女發展指標＼管的類型	放手不管	扮白臉	扮黑臉	雙管齊下	F值
學業成就（基測成績）	158.25	169.58	157.17	165.32	3.13*
偏差行為（1-5）	1.34	1.27	1.32	1.32	.95
自尊感（1-4）	2.66	2.68	2.67	2.66	.07

說明：*p<.05

認定父母角色與教養行為背後的意涵有關。

在子女反應方面，變異數分析結果（參見表3-5）顯示，無論國中或大學階段的青少年，自覺父母不關心他們或對他們不聞不問的程度，均偏低且無教養類型之間的差異，即便是容易傳達敵意的「扮黑臉」或親子關係較為疏遠的「放任不管」等教養類型，子女也不認為父母比較不關心他們，這和西方將「忽視冷漠型」或「專制權威型」詮釋為缺乏父母的關愛是截然不同的。

表3-5 管的類型與子女反應之差異性檢定（N = 1,008）

子女反應＼管的類型	(1) 放手不管	(2) 扮白臉	(3) 扮黑臉	(4) 雙管齊下	F value	Post-hoc test
國中階段						
爸媽不關心我（1-7）	1.90	1.84	2.04	1.88	1.15	
爸媽管太多（1-7）	3.25	3.27	3.57	3.80	5.23**	(4) > (1), (4) > (2)
大學階段						
爸媽不聞不問（1-4）	1.49	1.48	1.39	1.36	2.45	
爸媽要求太多（1-4）	1.99	2.02	1.99	2.12	1.67	

說明：表格內統計值為各題項的平均數。
**p<.01

　　從另一方面來看，青少年也不會特別感到「扮黑臉」的父母管太多或要求太多，而且從國中至大學階段皆是如此；反倒是在「雙管齊下」教養方式中成長的子女，比起父母「放手不管」或「扮白臉」的子女較常覺得父母管太多，不過這些差異只出現於國中階段，到了大學階段就消失了，即使父母「雙管齊下」或「扮黑臉」，子女也不會特別認爲父母要求太多。國中階段出現的差異性，可能和子女對於「管」的認知有關，更具體的說，子女眼中的「管」，不僅是限制約束，也可能包括父母費心安排的一切，並非西方想像的嚴厲控制或權威宰制，而是綜合關心支持與控制要求的整體感受。

3. 管的程度

　　爲了確認教養類型和「管」之間的關係，本研究運用變異數分析法，檢定四種教養類型之間的差異性。資料分析的結果（參見表3-6）顯示，從生活作息、外出社交到工作就學，臺灣父母對於大學階段的子女仍然管很多。在本研究臚列的十二項成年子女常會提出自主性要求的事項中，認定父母會管的比例都高達50%以上，即便被歸類爲「放手不管」的父母也不例外。從管的項目數量（總數爲九項）而言，各類型父母會管的也都高達六項以上，而被歸類爲「雙管齊下」教養風格的子女察覺到被管的數量（平均爲7.10）顯著地多於「放手不管」的一群（平均爲6.19），其餘類型之間則無顯著差異。值得注意的是，被歸類爲「扮黑臉」教養類型的子女察覺父母管的項目並未比其他類型者多。

　　綜合上述子女反應的分析結果，本研究獲得兩個主要的發現：(1)「管」的概念包含要求（黑臉）與支持（白臉）兩個面向，而非單純的要求而已；(2)「管」的方式並不影響子女對父母教養的感受，或者說子女似乎不會將父母的教養行爲連結至情感或情緒層面，這和「民主權威」教養邏輯強調「不良」的教養方式容易引起親子衝突以及妨礙子女的情緒發展是不一樣的。

表3-6 大學階段父母管子女的主要項目及比例（N = 1,008）

管的類型 管的項目	放手不管	扮白臉	扮黑臉	雙管齊下	F值 Post-hoc test
1.到朋友家過夜	78.9	79.5	84.3	87.0	
2.每天幾點回到家	75.4	77.5	78.9	86.1	
3.交男女朋友	62.0	64.9	69.0	69.1	
4.在家的作息	74.3	80.1	79.5	81.7	
5.上網時間	63.8	68.9	69.8	77.4	
6.穿著儀容	55.1	61.6	62.4	64.8	
7.有無翹課翹班	75.3	74.9	76.3	83.1	
8.是否繼續升學	66.3	76.8	72.1	77.4	
9.唸書考試	68.2	77.5	76.3	83.0	
項目總和	6.19	6.62	6.69	7.10	$F = 5.69^{**}$ (4) > (1)

說明：(1)「項目總和」係九項中答「會管」的總計（0-9）。

(2)表格內其餘的統計值為受訪者回答「會管」的比例。

(3)$^{**}p<.01$

五、結論

　　Darling and Steingberg（1993）認為從親子互動（parent-child interaction）的觀點，比從父母行為的角度來詮釋教養風格，更能捕捉它的真意，並建議研究者將教養風格定義為結構或脈絡層次（contextual level）而非行為層次（behavioral level）的概念。因為父母透過各種管教行為，不僅回應了孩子的表現，也傳達了父母對問題的態度，而這些綜合的回應與態度，對於孩子的意義遠超過個別行為的影響。從這樣的觀點來理解西方的教養邏輯是相當適合的，但用於華人的教養邏輯則不是那麼恰當。基本上，「管」和「民主權威」的教養類型都立基於正（白臉或支持）與反（黑臉或要求）的角色對立作用，但是華人強

調父慈子孝的家庭倫理，在情感表達方面也較為含蓄，因此父母表現正向行為的方式較為間接，而子女因為深知父母深藏不露的情感以及「愛之深，責之切」的期盼，比較不會受到管教方式的負面影響。或許可以說，孝道文化提供華人正面詮釋教養行為的意義，也緩衝了西方所謂「不良」教養方式的負面影響。

總而言之，東西方的教養類型在行為與策略方面是相互對應的，但是各類型的意涵及其對子女的影響卻有文化差異性。對於西方青少年而言，父母的支持表現相當直接具體，可以有效的緩衝父母嚴格要求所帶來的負面情緒與壓力。但是對華人子女而言，父母的支持或要求行為都代表親子角色的對應性，不必然是針對個人而來的，所以要偵測父母教養行為的影響力，必須同時觀察子女的反應。

近年來，不同文化體系的研究者紛紛質疑「民主權威」在當地的優異性，以南歐或南美地區為主的實證研究發現，「寬容放任」型教養出來的青少年在各方面的表現都不比「民主權威」型的子女差，甚至更為優異。而有些亞洲地區和阿拉伯國家的研究則發現，「專制威權」型比「民主權威」型更能培養出學業優異的子女（Garcia and Gracia 2009; Martinez and Garcia 2008）。

從社會化的效果研判，「民主權威」顯然不是唯一的最佳教養典範。以學業表現為例，北美和西歐地區的傳統文化較屬於「垂直式的個人主義」（vertical individualist），重視個體的自主性但能接受集體中並非人人平等的社會安排，「民主權威」的雙面向（父母的支持回應與嚴格要求）均符合文化規範，故能獲致正面的成果（Singelis et al. 1995），這正說明「民主權威」的教養方式為何可以提升子女的學業表現。華人文化相對屬於「垂直式的集體主義」（vertical collectivism），更重視個人對於群體的貢獻，且能接受不平等的社會安排，子女比較能接受父母的嚴格要求，也比較不在意父母是否表達支持之意，

這個觀點可以說明為何「專制威權」的教養方式盛行於華人社會，而且獲致優於「民主權威」的教養成效。

從Bronfenbrenner（1986）的家庭生態系統理論觀點而言，教養的社會化效果不僅和文化傳統特質息息相關，也受到家庭階層的影響。有關「民主權威」卓越性的論述，不斷被挑戰的主要理由就在於這些研究發現大多以北美的中產階級家庭為樣本，無法釐清子女的正向發展（例如：學業表現優異或沒有偏差行為）到底是受益於良好的教養方式或社會階級等結構性因素？從生態系統的交互作用而言，中產階級的價值觀和主流文化最為貼近，來自於中產階段的子女比較容易適應外在環境的挑戰，學業表現自然較佳，偏差行為相對也較不易發生，所以「民主權威」教養方式施行於中產階級家庭可收相得益彰之效，但不見得適用於其他階層。

如前所述，臺灣父母一方面受到傳統文化薰陶，另一方面崇尚西方新知，經常在文化差異與社會變遷的衝擊下不知何去何從，因而出現理念與實踐分離的現象。

第四章　家庭階級與教養風格

　　教養文化是社會建構的產物，自然受到時空背景與環境因素的影響，而呈現多元化與階層化的現象，加上父母透過教養進行代間傳承可能產生「階級複製」的現象，所以教養議題不僅是個人福祉的問題也是家庭階層化的問題。從Melvin L. Kohn（1959;1963;1969;1983）提出職業階級影響子女教養的價值觀與行為，到Sharon Hays（1996）以「密集母職」（intensive mothering）的概念，來描寫中產階級的母親如何盡心盡力「栽培」子女，至本世紀Annette Lareau（2002）比較不同社會階層父母的養育文化及其造成「不平等的童年」，似乎大家關注的焦點都集中於社會階層不平等的現象，如何透過子女教養而體現與持續。以這些觀點為基礎的實證研究，更發現中產階級家庭和勞工家庭，因為教養理念和方法互異而形成迥然不同的教養風格，各有一套因應其生活方式的教養邏輯（Weininger and Lareau 2009）。家庭經濟地位加上教養方式的差異性，在勞工家庭的子女一開始與學校互動之初，就將他們推向一場立足點不平等的競賽，而不平等的結果，不僅展現於當下的教育成就，更影響未來的職業地位。

　　這些年來，有關教養階層化與成就地位不平等的研究及其累積的文獻不算太豐富，且多以童年的養育文化為主，極少討論青少年階段的教養文化，所以當子女進入「獨立自主」的發展階段時，教養階層化的現象是否持續存在或者出現階段性的變化？我們並不知道。況且，這些研究幾乎都以西方家庭或西方的教養觀點為基礎，嚴格來說，只能代表西方的教養邏輯，不一定適用於華人社會。如果我們想要了解臺灣社會教養階層化的問題，勢必要立基於本土的教養文化，才可能獲得答案，尤其臺灣青少年不僅處於身心發展的轉變時期，更面臨高度競爭的升學壓力，談論青少年階段的教養問題，必須正視華人文化重視教育與升學的特質。

　　本章根據「管」的概念及其類型（第三章），檢視家庭階級與教養

風格的關係，比較不同階級的家庭，在教養理念與教養實踐方面的差異性，並從階層化的觀點，分析家庭階級與教養如何交互影響青少年的學業成就。

一、社會階級與教養風格

根據Hodges的定義，社會階級是一種多層面的生活型態的對比，各社會階級的成員，在這些層面表現出類似的職業取向、教育背景、經濟方式與生活經驗（曾敏傑、杜孟霖 2002）。所以，職業地位、教育程度與收入常常被視為測量社會階級的指標，有的研究只選用其中一項指標，有的則合併兩項或三項，端視研究主題而定。就家庭教養風格而言，職業地位與教育程度是最常被採用的指標。

Kohn and Schooler（1969）就發現以職業為基礎的社會階級深深影響一個人的價值觀，並經由子女教養的過程傳遞給下一代。根據長期的與跨國的研究結果，他具體指出專業白領工作因為要求較多的創新、獨立判斷與主動表達等能力，以白領工作為主的中產階級格外重視自我導向（self-direction）的價值觀；勞工階級則因工作大多屬於規律性、重複性、例行性與被動性，較認同服從（conformity）的重要性。因此，中產階級家庭亦會將培養自我導向的能力視為子女養育的重要目標，而勞工家庭則相對重視子女對外在權威的服從性。

不同於Kohn強調價值觀的差異性及其既定的影響力，國內學者藍佩嘉（2014）認為，教養的理念是可以透過反思，而不受階級位置決定的，反倒是父母的資本區隔了中產階級與勞工階級的教養風格，例如同樣是追求「自然發展」的教養目標，中產階級的父母有足夠的資本依其理想幫孩子規劃打造自然成長的環境，而勞工階級的父母只能「順其自然造化」。所以資本不同也是家庭階級影響教養風格的重要因素。不過，也有研究指出社會經濟地位不同的父母在教養子女的目標、方法以

及親子互動的方式呈現出的差異性，主要是來自於教育程度的影響。教育程度對於教養風格的影響，甚至超越文化與族群差異，因為教育提升個人吸收新知的期望與能力，而新知往往與傳統文化格格不入，導致傳統文化被新知取代的現象（Harkness and Supper 2002; Hoff et al. 2002; Lareau 2002）。例如：受過高等教育的母親，經常透過閱讀雜誌與書籍而學習兒童發展專家所推薦的育兒觀念，這種學習經驗立基於教育程度的相似性，並不會因為母親所處的區域或文化而有所不同。事實上，Hays（1996）提出「密集母職」（intensive mothering）的概念，就已從職業與教育程度兩面向，描述中產階級母親精心栽培的養育風格了。根據她的觀點，勞工階級的母親受的教育少，工作也較未要求學習新知，加上勞工家庭和家人親戚互動的機會多於朋友，因此傾向保留傳統的教養理念與方法，在教養革新方面，遠遠落在中產階級之後。綜而觀之，同時以職業地位與教育程度作為測量社會階級的指標，應當最能反映家庭教養風格的差異性。

　　「中產階級」與「勞工階級」是否因為教養理念的差異性而表現不同的教養行為呢？根據Kohn的定義，「自我導向」強調的是內在的能力，不是行動本身而是行動背後的意圖，以及獨立做決定的能力，所以中產階級的父母用心栽培子女並耐心陪伴他們，慣常採用說理協商的管教方式，培養子女思辨與決策判斷的能力。相對的，勞工階級重視對有權威的人（例如：父母或老師）表現出「服從」，以及明辨是非與識辨行動後果的能力，所以他們的教養行為較為直接與威權式，以培養知情達理以及進退合宜的行為表現為目標。Weininger與Lareau（2009）從親子間的口語互動（verbal interaction）和課後休閒活動安排兩個家庭生活面向，比較中產階級與勞工階級的父母如何實踐他們的教養理念。他們發現勞工階級的父母，習慣用命令的方式對子女說話，在食物與金錢兩範疇採取直接與單向的掌控，包含休閒活動在內的其他範疇則是全

然放手不管。相對的，中產階級的父母擅於採取籠絡與妥協的互動方式，來誘導子女服從父母對他們無微不至的安排。

　　Chao and Tseng（2002）比較亞洲的養育文化也發現家庭階級上的差異性，社會階層較低的父母通常要求子女服從父母權威，因此採取限制或處罰等嚴厲的教養方式，很少陪孩子玩或耐心的教導他們。由此可見，勞工階級與中產階級子女養育的差異性，取決於父母涉入子女世界的程度。對於勞工家庭而言，大人和小孩的世界是獨立的，父母「管」小孩的方法只有命令與規定，否則就是放手不管，親子之間的交集十分有限；中產階級的父母則積極參與孩子的世界，經由「陪」與「教」的過程全面掌控孩子的世界。綜合上述，無論中產階級或勞工階級的教養行為，都是依其理念而產生的，這套包含理念與實踐的教養邏輯，不僅受到主流文化的影響，也因為社會階級而變化。

　　弔詭的是，許多質性研究發現教養的理念與實踐經常因為種種外在或內在因素而呈現分離的狀態，例如：中產階級的父母致力培養子女的獨立自主能力，卻過度介入孩子的世界，反而造成孩子的依賴性，而勞工階級重視服從性，卻對子女放手不管（Weininger and Lareau 2009）。這種理念與行為分離的矛盾，對處於傳統文化與西方新知之間，以及社會改革呼聲高卻方向不明確的臺灣父母而言，可能是更常見的現象。藍佩嘉（2014）就指出無論中產階級或勞工階級，臺灣父母和上一代比較起來，都呈現「延續」與「斷裂」的矛盾，而中產階級的父母一方面遵從西方的教養理念，另一方面又擔心按西方理念訓練出來的孩子無法和現實的升學與就業環境相容，而存在所謂「親職的文化矛盾」。這些矛盾帶來的不安與難為，增添了親職的壓力，尤其當子女進入升學階段，如何兼顧理想與實際並扮演「好」父母的角色，在孩子的第一次人生競賽中，助他們一臂之力贏得勝利，是許多父母心頭最掛念的事。

二、教養風格與子女學業成就

　　中產階級子女的教育成就高於勞工階級的現象與家庭的教養風格有關嗎？Kohn發現教養階層化的關鍵因素是父母對於教養目標所抱持的價值觀，這些價值觀影響教養行為，進而形成世代間「階級複製」的現象。換言之，階層效應根源於父母認定那些能力對於孩子是重要的，而這些價值認定，可以透過雙重途徑影響孩子的學業成就，其一是父母的價值觀透過社會化的過程傳遞給下一代，形成代間轉化的現象（Yi et al. 2004）。從階級差異性來說，中產階級的子女傳承自父母重視「自主與創意」的價值觀，而勞工階級傳承「服從守本分」，而「自主與創意」比「服從守本分」需要更多的心智活動，因此中產階級的子女在課業表現方面，往往比勞工階級子女優異。另一個可能的影響途徑是，價值觀影響教養方法，進而影響子女的學業表現。由此而言，中產階級和勞工階級分別具有以「自主與創意」與「服從守本分」為價值核心的教養理念，並建構出不同的教養行為模式，各有獨特的教養邏輯與風格。

　　不過，父母角色的衝突性與社會變遷的不穩定性往往導致教養理念與行動呈現分離的狀態，不論中產階級或勞工家級的父母，都在過往以兒童養育為主題的質性訪談中，一再透露自己「做的」和「想的」不一致的無奈感（例如：藍佩嘉 2014；Weininger and Lareau 2009）。因此，教養目標影響教養行為，進而影響子女教育成就的路徑，放在「理念與實踐分離」的臺灣家庭文化脈絡下，是否符合社會事實？則有待考驗。

　　教養行為如何影響青少年子女的學業成就呢？以往的研究雖然較少直接從教養的角度，檢視中產階級家庭的優勢地位，但是回顧西方關於教養與學業成就的研究成果，仍可歸納出中產階級常見而且有效增進學業表現的兩項教養活動與作為，一項是「民主權威式」教養（authoritative parenting）的特質，另一項是父母參與子女的課業活動（parental involvement）。民主權威式教養廣被推崇的理由之一，是它和青少年學業表現之間的正面聯結，屢獲實證研究的支持（例如：Dornbusch et al. 1987）。這些研究結果顯示，父母對子女高度要求同時配以高度支持的教養方式，最能有效提升子女的學業表現。如果從「管」的類型來說，父母「費心安排」和「約束限制」程度皆高的「雙管齊下」教養方式，應該對子女的學業成就最有利。雖然許多人相信這些以北美地區的白人中產階級為主要對象的研究結果，可以推廣至所有家庭，但有些研究考量族群與階層的文化差異後，發現「民主權威」教養方式的效應並不一致，有些群體反而受益於父母的高要求與低回應，有的群體更出現高要求與低要求均不利的非線性關係（Garcia and Gracia 2009; Martinez and Garcia 2008）。所以研究者很難直接從教養方式的整體效應，清楚地解釋族群與階層之間的差異性，必須分別檢視教養的各個面向才能知其所以然（Steinberg et al. 1992; Gray and Steinberg 1999）。

參與子女的學業活動或稱學校涉入（parental involvement）是中產階級父母最重要的養育策略之一，最典型的參與方式是出席親師會議以及參加學校為家長舉辦的活動（Hong and Ho, 2005）。Bogenschneider（1997）從生態系統理論的觀點（ecological system theory）指出父母透過活動參與，一方面直接掌握學校訊息，另一方面將子女的個人與家庭狀況傳遞給老師，連結起學校與家庭兩個重要的系統，可以增強子女的學習適應力，進而提升學業表現。她進一步依母親的教育程度交叉分析更發現，教育程度低的母親參與學校活動，嘉惠青少年子女之學業表現的效果更大。這對於勞工家庭而言，是個令人振奮的訊息，也是個有待突破的挑戰，因為勞工階級的父母比較缺乏文化資本與社會資本，難與老師或學校建立平等的關係，也怯於參加學校活動（Horvat et al. 2003; Lareau and Horvat 1999）。小學階段的勞工母親雖未參加學校的

公開活動，若懂得和老師建立私人關係，也可藉此獲得老師對孩子的關注並且建立親師之間的溝通管道（藍佩嘉 2014）。但是到了國中階段，導師的角色已沒有那麼全面化，而且私人化的親師關係對於升學訊息的掌握恐怕也比較片面，所以父母直接參與學校活動應該還是比較有效的教育策略。

　　綜觀教養理念與教養行為過去以「地位取得模式」為主的研究，強調家庭社經地位及其衍生的社會心理變項，是影響子女學業成就的重要因素，特別指出父親的教育程度與職業的重要性，認為教育程度與職業階級較高的父親對子女有較高的教育期望，進而促成子女獲得較佳的教育機會（Goyette and Xie 1999），這和家庭階層的概念是一致的。以臺灣家庭為樣本的研究則發現家庭經濟資源是最具決定性的因素，因為經濟能力好的父母可以增加家庭教育資源設備，並提供充足的補習機會，提升子女的學習成效（周新富 2008；許崇憲 2002）。除了家庭經濟資本外，文化資本也被認定是家庭階層影響子女學業成就的重要因素（Roscigno and Ainsworth-Darnell 1999）。臺灣的研究就發現父母為學齡子女購買文化形式的商品（例如：書籍）或安排子女參與才藝學習都有利於學業成就（林碧芳 2009；黃隆興等 2010）。

三、臺灣青少年的學業成就：家庭階級與教養風格的影響

　　青少年階段正逢升學考試的競爭時期，教養目標相當明確，而「親職的文化矛盾」也相對升高。為了掌握華人家庭重視升學考試的特性，以下運用「臺灣青少年成長歷程研究」國一與國三階段的問卷調查資料，比較分析勞工階級與中產階級在教養風格上的差異性。由於許多實證研究發現，臺灣父母在社會文化變遷過程中，經常產生教養理念和行為之間矛盾不合邏輯的現象，因此本書將分別從教養理念和行為兩個

面向，檢視教養風格對於子女學業成就的影響。

（一）樣本與研究資料

本書的分析資料主要採用國一與國三階段的家長問卷資料，只有少部分資料因爲測量信度與問卷設計之考量，採用國三階段的導師資料與國一階段的父母資料，詳細情形說明於「變項測量」。剔除受訪者非母親或父親以及國一或國三任一階段未接受調查之個案後，樣本數爲1,739。從整體樣本分布來看，父母報告的標的子女之性別比例相當接近（男性占49.6%，女性占50.4%），居住於臺北地區的樣本占73.0%，宜蘭樣本占27.0%。

（二）變項測量

本研究共有四個主要的概念，分別是家庭階級、教養理念、教養行爲與子女的學業成就，我們假設不同家庭階層之間的教養理念和教養行爲具有顯著的差異性，而父母的教養理念與行爲影響子女的學業成就。以下先說明三個概念的測量方法，再說明控制變項。

1. 家庭階級

綜合文獻中各種研究「養育階層化」的主要觀點，父母教養子女的目標、理念與方法主要受到他的教育程度（Hoff et al. 2002）與從事的職業（Kohn et al. 1983）所影響，而「中產階級家庭」與「勞工階級家庭」是這方面研究較常見的分類方式（Weininger and Lareau 2009），前者指的是父母當中至少有一人接受過大學教育，且從事中高階白領工作者，後者則是父母的教育程度不及大學，且從事藍領或低階白領工作者，父母都無業的家庭通常被歸爲勞工階級。不過臺灣社會的教育與職業結構和美國社會有些不同，直接引用上述的分類標準與方法並不恰當。

　　以職業類型而言，臺灣的職業結構依主計處的標準，共分為「民意代表、行政主管、企業主管及經理人員」、「專業人員」、「技術員及助理專業人員」、「事務工作人員」、「服務工作人員及售貨員」、「農、林、漁、牧工作人員」、「技術工及有關工作人員」、「機械設備操作工及組裝工」與「非技術工及體力工」等九大類。對應於Kohn提出self-direction與conformity做為「中產階級」與「勞工階級」因工作性質而產生的兩種對照鮮明的人格特質，曾敏傑與杜孟霖（2002）發現「工作的複雜性」具有最強的社會化效果。因此，本研究將前述三類工作專業性與複雜性較高的職業歸為「專業白領階級」，最後三類（技術工及有關工作人員、機械設備操作工及組裝工與非技術工及體力工）是典型的「勞工階級」，由於「農、林、漁、牧工作人員」所占的比例相當少（不及5%）且較多屬於擔任雜工的性質，一併歸入「勞工階級」。比較特別的是「事務工作人員」與「服務工作人員及售貨員」，這兩類往往被歸類為低階白領的職業，無論工作任務或工作者的心理狀況都與勞工階級或中高階白領階級不同，加上臺灣社會從事這兩類職業的人數超過就業人口的三成[1]，因此，本研究有別於西方文獻的作法，將這兩類職業獨立歸類為「基層白領階級」。

　　再就教育結構而言，以受訪當年（2002年）樣本的年齡集中於35-45歲而言，當時的大學教育可說是菁英教育，受過大學教育的人不論從事白領或藍領工作，吸收新知的期望與能力大都超越其他同齡者，因此本研究將父母從事「基層白領階級」或「勞工階級」之工作，但他們當中至少有一人受過大學教育的家庭歸為「專業白領階級」。綜合考量上述職業與教育結構特性，本研究將家庭階級劃分為「專業白領階級」、「基層白領階級」與「勞工階級」。依據上述定義分類，本分

---

[1] 詳細情形，請參考「政府統計資料連結」，http://140.109.120.173/stat/stat.htm

析樣本當中的「專業白領階級」家庭占34.7%，「基層白領階級」家庭
與「勞工階級」家庭分別占31.0%和32.9%，其餘1.4%為父母均無業的
家庭（參見表4-1）。若依西方文獻常見的定義，「專業白領階級」即
「中產階級」，「基層白領階級」係屬「勞工階級」，則勞工家庭占了
63.9%。

表4-1　家庭階級與教養變項分布（N = 1,739）

變項名稱	%	平均數	標準差
子女性別：男	49.6		
女	50.4		
居住地區：臺北	73.0		
宜蘭	27.0		
家庭階級：專業白領	34.7		
基層白領	31.0		
勞工	32.9		
無業	1.4		
家庭收入（1-13）		4.0	2.84
家庭文化資本（1-7）		4.57	1.44
教養理念：服從守本分（1-4）		3.27	.48
教養理念：自主有創意（1-4）		3.13	.51
教養行為：費心安排（0-6）		2.39	1.74
教養行為：約束限制（0-5）		2.92	1.57
參與學校活動程度（0-3）		.80	.91
子女基測成績		157.35	58.73

2. 教養理念：自主有創意、服從守本分

　　由於教養信念是較為穩定的內在想法，TYP在第一年（國一階段）
的問卷調查時，即設計一套題組，共含二十項指標，測量父母對於各種

教養目標的重視程度（題目爲「在教養孩子方面，下列做人做事的原則，您認爲重不重要？」），國三階段並未追蹤調查這組問題，因此本研究探國一階段的父母報告。Yi等學者（2004）曾以因素分析法將其中的十七項指標區分爲服從、好奇心、和諧和自我克制等四因素，但進一步的分析僅發現母親部分有些微的職業階層差異性，父親部分幾乎沒有顯著差異。由於直接以因素分析萃取變項，無法有效對應階級特性，本研究從中篩選十一項核心指標，進行因素分析後，共得兩因素，並依其內容分別命名爲「服從守本分」和「自主有創意」。

測量「服從守本分」的指標包括保持衣服乾淨、服從父母和老師、保持東西整齊、作一個好學生、不要出風頭和生活節儉等六項，這六項指標的內在一致性（Cronbach's Alpha）達.83。答項計分由低至高（1-4）包含「不重要」、「有一點重要」、「相當重要」與「非常重要」，六項的平均分數越高，表示受訪父母越重視「服從守本分」的教養理念。「自主有創意」的測量指標共五項，分別是對許多事情有好奇心、對自己分內的工作負責、有能力照顧自己、有想像力和喜歡探索事情發生的原因，五項指標的內在一致性（Cronbach's Alpha）達.77。經初步統計，兩變項的平均數分別高達3.27和3.13，臺灣父母相當認同這兩項教養理念。

3. 教養行爲：費心安排、約束限制和參與學校活動

費心安排和約束限制的測量方法和第三章相同，不再重述。「學校活動參與」調查父母自標的子女，升上國三以後是否擔任學校的義工或家長委員、參與爲家長舉辦的活動與邀請家長參加的活動。計分由0至3，分數越高表示父母的參與程度越高。整體樣本的平均數僅達.80，標準差則高達.91。

4. 子女學業成就

本研究的調查對象爲國三階段的家長，由於這個時期子女的學業成

就主要表現於升高中的基本學力測驗,我們以子女的國中基本學力測驗分數做為測量指標。該項成績報告來源有學生與導師,考量資料的可靠性,本研究採用導師的報告,整體樣本的平均數($\overline{X}$)為157.35,標準差(SD)為58.73。

5. 控制變項

由於充足的經濟資源與豐富的家庭藏書,一直被認為是中產階級子女教育表現較為優異的重要因素(Roscigno and Ainsworth-Darnell 1999),本研究的控制變項除了子女性別與居住地區之外,還包括家庭收入與家庭文化資本。家庭收入是測量全家每個月的收入,從三萬元以下至十五萬元以上,共分為13等距,分數越高表示家庭收入越高。統計結果顯示整體樣本的平均收入大約六萬元($\overline{X} = 4.0, SD = 2.84$)。家庭文化資本的測量題目是「除了課本以外,您家裡大約有多少本書?」答項依序為0本,1-10本,11-20本,21-50本,51-100本,101-500本,以及500本以上;計分由1至7。統計結果顯示整體樣本的平均數為4.57(標準差為1.44),也就是介於21至100本之間。以上統計結果詳列於表4-1。

(三)分析策略

本研究旨在探究家庭階級與教養風格如何影響青少年子女的學業成就。由於無業家庭所占比例極低(1.7%)且其組成包含不同教育程度者,並非單純的底層貧窮家庭,因此以下分析刪除無業家庭。資料分析分兩部分進行。第一部分檢定家庭階級與教養風格的關係,首先,延續上一章(第三章)的研究發現,以卡方分析檢定「管」的類型和家庭階級之間的關係,其次採用變異數分析法,考驗中產階級家庭、基層白領階級家庭與勞工家庭在教養理念與教養實踐兩方面的差異性,然後再根據分析的結果,描述不同階級家庭之教養風格。第二部分運用多元迴歸

分析法，考驗家庭階級、教養風格和子女學業成就的關聯性。本研究先分別針對三種家庭階級，在模型中加入教養理念（服從守本分和自主有創意）、教養行為（費心安排和約束限制）、父母參與學校活動以及控制變項，檢視他們對於子女學校成就（基測成績）的影響。為了進一步比較分析各個教養變項對於青少年學業成就的影響，是否隨家庭階級而變化，本研究以整體樣本為對象，在迴歸模型中加入家庭階級與教養的互動變項，再根據互動變項的統計結果說明教養風格的階級效應。

　　由於過往的研究，多半聚焦於中產階級與勞工階級之比較，為了和文獻對話，在整體樣本分析中，本研究將家庭階級從三類合併為兩類，以專業白領階級代表中產階級並將基層白領與勞工合併為勞工階級。從教養邏輯而言，教養風格對子女成就的影響路徑，應該是由父母的理念至行為策略而後到達子女端才對，但是許多實證研究發現臺灣父母在社會文化變遷過程中，經常產生教養理念和行為之間矛盾不合邏輯或脫鉤的現象，因此，進行前述多元迴歸分析之前，本研究先針對教養理念與教養行為進行簡單相關分析，確認兩者之間的關係。

（四）研究發現

1. 家庭階級與「管」的類型

　　本書第三章根據臺灣父母常見的教養行為，以潛在類型分析法獲致「管」的四類型，包含「放手不管」、「扮白臉」、「扮黑臉」以及「雙管齊下」，並從概念層次比較他們與「民主權威」等四類型的異同。本章進一步要問的是，臺灣家庭以「管」的概念區分出的教養方式是否也如同西方呈現階層化的現象呢？卡方分析的結果（表4-2）顯示不同家庭階級在教養類型的歸屬上具有顯著的差異性，「放手不管」的類型較盛行於勞工階級，「雙管齊下」的類型則較常見於專業白領與基層白領階級，「扮白臉」與「扮黑臉」的階級差異性雖然較小，但扮白

臉的以白領階級稍多，扮黑臉者則以勞工階級稍多。整體而言，階級之間的主要差異比較在教養的密集程度（放手不管或雙管齊下）而非教養方法（扮白臉或扮黑臉），顯示白領階級奉行「密集教養」的情形勝於勞工階級。

表4-2　管的類型與家庭階級之交叉分析

家庭階級	管的類型				總計
	放手不管	扮白臉	扮黑臉	雙管齊下	
專業白領階級	24.3	15.0	33.0	27.7	100%（N = 555）
基層白領階級	26.0	16.3	32.7	25.0	100%（N = 496）
勞工階級	34.5	12.4	35.8	17.3	100%（N = 525）

說明：$\chi^2 = 28.17$, p = .000

2. 教養風格的階級差異性

　　本研究從教養理念與行為兩個層面描述不同階層的教養風格。變異數分析的結果（表4-3）顯示，勞工階級與基層白領階級的父母，比專業白領階級的父母，重視以「服從守本分」為核心的教養理念，而專業白領階級的父母認同「自主有創意」的程度最高，其次為基層白領階級，勞工階級最低，這些發現與Kohn的觀點一致。不過，本研究的分析結果也顯示，勞工階級與專業白領階級的教養理念，雖然呈現比較上的差異性，但勞工階級仍重視「自主有創意」的教養理念（$\overline{X}$ = 3.02），而專業白領階級也認為「服從守本分」相當重要（$\overline{X}$ = 3.17）。基本上，「服從守本分」和「自主有創意」是屬於對立的教養理念，以培養「自主有創意」的子女為目標的父母通常不會高度認同「服從守本分」的重要性才對。臺灣父母對於教養子女的想法其實是相當矛盾衝突的。

表4-3　比較家庭階級之教養理念與教養行為

家庭階級	教養理念與行為			
	服從守本分	自主有創意	費心安排	約束限制
專業白領階級家庭(1)	3.17	3.23	2.66	2.99
基層白領階級家庭(2)	3.31	3.13	2.46	3.00
勞工階級家庭(3)	3.33	3.02	2.06	2.80
F 值	20.81*** (3) > (1) & (2) > (1)	28.04*** (1) > (2) > (3)	20.97*** (1) > (2)&(2) > (3)	3.28*

說明：***p < .001, **p < .01, *p < .05

　　教養行為方面，勞工階級採取「費心安排」的程度，比基層白領階級或專業白領階級都低，在「約束限制」方面則無階級差異。換言之，階層之間的差異主要在「養」（照顧、支持）而不是「教」（管教、控制）。值得注意的是，無論那一個階級的父母採取「約束限制」的程度均高於「費心安排」的程度。至於學校活動參與程度，專業白領階級高於基層白領階級，而基層白領階級又高於勞工階級。從整體教養行為來看，專業白領階級的父母最積極涉入子女的世界，刻意扶植栽培他們，基層白領父母次之，勞工父母居末。專業白領階級以培養子女「自主有創意」之能力為目標卻又積極採取「約束限制」等威權式管教方法，這種矛盾現象和Weininger and Lareau（2009）對於西方的觀察是一致的。

3. 教養理念和教養行為的相關性及其相關因素

　　從簡單相關分析的結果（表4-4）可以歸納出幾個重要的發現。首先是教養理念和行為之間的相關性不高，兩兩變項中只有「自主有創意」和「費心安排」達到顯著水準（r = .056, p = .014），呈現正向的低度相關。「服從守本分」和「約束限制」之間則是相互獨立的。其次，教養變項當中，只有「服從守本分」和「父母參與學校活動」之間呈現負相關（r = -.114），也就是說越重視「服從守本分」的父母也越

表4-4　教養變項之簡單相關分析

	1.	2.	3.	4.	5.	6.	7.	8.
1.子女性別	1							
2.居住地區	-.002	1						
3.家庭收入	.021	.206***	1					
4.家庭文化資本	-.028	.069**	.336***	1				
5.教養理念：服從守本分	-.060	-.079**	-.186***	-.106***	1			
6.教養理念：自主有創意	.043	.059	.100***	.162***	.435***	1		
7.教養行為：費心安排	.052*	.084***	.112***	.124***	-.029	.056*	1	
8.教養行為：約束限制	.041	.051*	.036	.061**	.028	.026	.517***	1
9.父母參與學校活動	.055*	.077**	.225***	.271***	-.114***	.070**	.119***	.070**

說明：*** p<.001, ** p<.01, * p<.05

少參與學校活動，其餘三項和「父母參與學校活動」之間則都呈現正向的相關性。最後，家庭收入與文化資本都和教養有關，家庭收入和限制約束之間無關，是唯一的例外。整體而言，家庭收入與文化資本較高的父母也較重視「自主有創意」，「費心安排」和「約束限制」的頻率較高，但較不重視「服從守本分」的教養目標。從以上教養變項的分析結果看來，「約束限制」的階級特性並不明顯。

4. 家庭階級與教養風格對於子女學業成就的影響

　　針對不同家庭階級的多元迴歸分析結果（表4-5）顯示，「自主有創意」的教養理念和「費心安排」的教養行為，有益於專業白領階級子女的基測成績表現，「服從守本分」和「約束限制」反而有害，「父母參與學校活動」的程度則無顯著影響。對於基層白領階級的家庭而言，父母抱持「服從守本分」的教養理念或採取「約束限制」的教養行為有害子女的基測成績，但「父母參與學校活動」是有益的，至於「自主有創意」和「費心安排」則無顯著影響。勞工階級的分析結果顯示，「自主有創意」和「父母參與學校活動」都對子女的基測成績有益，其餘教養變項則無顯著影響。綜合而言，「自主有創意」加上「費心安排」的教養風格，是促成專業白領家庭的青少年子女學業成就比其他階級優異的重要因素，而基層白領和勞工階級的父母積極參與子女的學校活動能有效提升子女的學業表現，如果勞工階級父母重視「自主有創意」的教養目標，也是有顯著的正面效應。

　　當家庭階級被區分為「中產階級」（專業白領階級）和「勞工階級」（基層白領階級和勞工階級），做成虛擬變項（中產階級＝1），並與其互動變項一起加入迴歸模型後，分析結果顯示家庭階級、服從守本分、自主有創意、約束限制和父母參與學校活動以及兩項互動變項，對青少年的基測成績均達顯著的影響。在教養理念方面，中產階級家庭最重視的「自主有創意」，對於子女的學業成就具有正面的影響，而勞

表4-5　家庭階級與教養對於子女學業成就的影響

變項名稱	專業白領階級		基層白領階級		勞工階級		整體樣本	
	Beta	SE	Beta	SE	Beta	SE	Beta	SE
子女性別（1＝男性）	-.07	4.28	-.10*	4.68	-.10**	4.25	-.09***	2.53
居住地區（1＝臺北）	.04	5.56	.06	5.67	.02	4.38	.05*	2.90
家庭收入	.11**	.70	.04	.99	.02	1.39	.07**	.52
家庭文化資本	.19***	1.69	.16***	1.79	.24***	1.58	.20***	.96
教養理念：服從守本分（A）	-.23***	5.00	-.15**	5.56	-.09	5.43	-.11***	3.82
教養理念：自主有創意（B）	.16***	4.79	.07	5.33	.13**	4.86	.10**	3.52
教養行為：費心安排（C）	.10*	1.45	.07	1.50	-.03	1.52	.02	1.05
教養行為：約束限制（D）	-.11*	4.28	-.11*	1.71	-.02	1.60	-.06*	1.15
父母參與學校活動（E）	.05	2.29	.12**	2.69	.20***	2.69	.16***	1.86
中產階級家庭（M）							.37***	2.15*
A×M							-.38*	-2.34
B×M							.21	1.33
C×M							.06	1.31
D×M							-.05	-.83
E×M							-.09*	-2.48
Adjusted R²	.168		.94		.134		.227	
F	14.34***		7.29***		10.88***		34.67***	
N	594		544		577		1,715	

說明：***p<.001, **p<.01, *p<.05

工階級較爲重視的「服從守本分」卻有負面影響。在教養行爲方面，無階級差異的「約束限制」會產生負面的效果，中產階級比勞工階級常用的「費心安排」則無顯著影響。此外，中產階級常見的父母參與學校活動、較多的經濟資本與文化資本也都具有正面的影響力。以上分析結果顯示，子女的學業成就受到父母教養理念與教養行爲的影響，而從教養的階層差異性來看，這些影響對於中產階級的子女較爲有利。

　　互動變項的分析結果顯示「父母參與學校活動」和「服從守本分」之教養理念對於青少年子女學業成就的影響有階級之間的差異性；「父母參與學校活動」對於勞工階級的正面效應大於中產階級，這與Bogenschneider（1997）的研究發現是一致的，「服從守本分」的負面效應則中產階級大於勞工階級。整體而言，中產階級的教養風格對子女的學業成就是比較有利的，如果勞工階級效法中產階級的教養理念並積極參與子女的學校活動，則其可能產生的效益更大過中產階級的實踐效果。

四、結論

　　中產階級父母擁有比較豐沛的經濟與文化資本、重視培育有利於子女未來擠身專業職位的自主與創意能力，又積極參與子女的學校活動，這種近乎「人定勝天」的教養風格，可能是解釋中產階級子女學業表現優於勞工階級子女的重要因素。如同Darling and Steinberg（1993）所言，父母的教養行爲與教養方式透露出親子互動、親子關係甚至家庭氛圍的訊息。在「人定勝天」的教養風格下，父母積極介入子女的世界，親子互動緊密，衝突也可能較多。相較於中產階級近乎「人定勝天」的教養風格，勞工家庭是傾向於「聽天由命」的，親子之間也保持較爲獨立的關係。這兩種以臺灣青少年爲對象的教養風格和Lareau（2002）以「用心栽培」（concerned cultivation）和「自然長大」（natural growth）區分中產階級家庭與勞工家庭養育兒童的風格頗為一致。

　　以臺灣青少年成長經驗為主的研究結果顯示，家庭階級、教養與青少年階段的學業成就三者之間具有複雜的關聯性，各項教養理念與行為除了本身的獨立作用外，也必須留意階級效應。從教養理念而言，重視「服從守本分」的教養理念，反而不利於子女的學業成就，而此不利影響之於中產階級甚過勞工階級。一如劉慈惠（2001）等國內學者的發現，受過高等教育的臺灣父母教養子女時，最容易受困於新舊文化之間的衝突，而在理念與行為之間失去對應。可見，如何掙脫舊文化的束縛以克服所謂「親職的文化矛盾」，是中產階級父母教養子女的最大挑戰。就教養行為與策略而言，「費心安排」只對中產階級的青少年學業成就有利，「約束管制」反而有害。對於子女的學業成就來說，無論中產階級或勞工階級，「雙管齊下」顯然都是徒勞無功的教養方式。這部分的發現和西方推崇的「民主權威式」不同，也和「專制威權式」有益於華裔子女之學業成就的發現不同。追根究柢，可能是影響教養邏輯的「垂直式的集體主義」（vertical collectivism）傳統逐漸式微了，年輕世代對於父母的管教方式，不再像年長世代那樣全盤接受。這些問題將留待下一章深入分析。

　　從階級的觀點來看，父母參與學校活動是相當重要的教育策略，可以有效提升子女的學業成就，而其功效之於勞工階級更明顯大於中產階級。這樣的研究發現，一方面提供勞工階級向上流動的教養策略與建議，另一方面也顯示教育政策有時候反而成為擴大階級不平等的幫兇，因為參與學校活動需要時間也需要精力與能力，勞工階級忙於生計的壓力大於中產階級，對於教育事務與學校文化也較為陌生，參與的動機與能力都比不上中產階級。因此，教育機構如何擺脫中產階級的意識形態，設計適合勞工階級參與的學校活動並鼓勵家長參與是未來教育政策應該重視的課題。

第五章　教養與青少年發展

　　由於教養具有社會控制的本質，青少年與父母之間的關係一直被視為對立的或是衝突的。社會學導向的研究強調結構因素對於教養的影響，主要的焦點在於青少年角色邊緣化與親子之間對於父母權威的認知不同所產生的教養困境（Smetana 1988; Smith 1983），以及青少年的社會關係由父母轉向同儕時，缺乏足夠的父母控制加上偏差友伴的結合對於青少年偏差行為或學業失敗的影響（吳明燁1999；孫中欣1999）。以精神分析學派（psychoanalyst）為主的研究則強調青少年為脫離對父母的依賴而產生的叛逆情緒對於親子關係帶來負面的影響，這類研究大致發現青少年陷入尋求獨立自主與依附的兩難衝突時，若能得到父母的鼓勵與支持，多能以穩定的情緒度過所謂的風暴期；相反的，若父母疏忽孩子自我探索的需要，急於涉入或引導，則容易引發親子衝突，不利於青少年發展（Baumrind 1991; Maccoby 1992）。所以，他們認為此時合宜的教養方式是支持與放手，父母介入只會帶來負面的效應。

　　青少年時期是一個嘗試錯誤的學習階段，也是發展獨立自主的重要階段，此時父母的管教猶如一刀兩刃，用力形塑社會所讚賞之行為而輕忽個人的差異特性時，可能傷及子女的心理健康，但是全力維護自主性之發展，又可能違反社會期望，產生社會適應不良的問題。如此衝突的本質，其實正反映了一般父母教養青少年子女的真實困境——管也不是，不管也不是。臺灣社會獨特的升學制度與教育價值觀，更升高了青少年階段的壓力，使得父母的教養困境越形嚴重。Baumrind（1991 & 1996 & 2012）指出青少年階段的教養難題不在父母提供感情與照顧為主的支持面向，而在於要求與約束為主的控制面向，也就是難題出在「教」（管教）而非「養」（照顧）。換言之，著眼於控制面向的教養接近於我們日常稱呼的「管教」，而如何管教是青少年教養的主要難題。本章從社會權力的觀點探討臺灣父母的管教方式。

　　何謂適宜的管教方式？學者們提出許多不同的見解，但尚未獲得一致的結論，至今仍是教養研究中較無共識的概念。Baumrind（2012）認為所謂的「適宜」除了漸進式的降低父母對子女的要求與控管之外，面對子女的反抗，父母也應運用民主方式予以化解，才能符合青少年階段的發展需求，否則不僅容易引發親子衝突，還可能對於子女的身心發展產生負面的影響。現代父母非常重視親子關係的親密性，以社會控制為導向的管教方法是否已經全面失靈？如何變化？臺灣民眾在民主化的潮流中，一方面接受西方愛的教育方式，另一方面卻依然相信傳統嚴教觀的有效性，這些理念上的混雜是否也呈現出行為上的混搭？對於臺灣青少年而言，民主式管教是否比傳統方法有利？都是極待回答的問題。

　　教養是隨著子女成長而變化的動態過程，父母如何要求與約束子女，而子女如何反應，都和雙方對於父母權威的認知有關，所以評估管教效應時，必須考量青少年階段的發展特質。不僅如此，文化視框作為權威認知的基礎，更需特別重視。從文化觀點而言，華人子女受到孝道倫理的薰陶，比較不會將父母的控制與管教視為侵犯個人自主性的行為進而反抗或產生負面的情緒；本書的實證分析結果（第三章）也發現父母採取威權式教養的青少年，並不會因此認為父母比較不關心他或管他太多，不過本研究考驗教養方法對於不同階層青少年學業成就的影響後，卻發現權威式教養方式（例如：約束限制）不是無效就是有害（第四章）。這表示管教方法和子女對父母管教的反應如何影響青少年的身心發展與表現，仍待釐清。

　　此外，性別因素也是相當重要的一環。從性別與角色分工的觀點而言，父親與母親擁有的資源不同，男孩和女孩也因性別不同而擁有不同地位，這些差異使得教養行為的效果產生變化（Abell and Gecas 1997）。本章依據青少年追求獨立自主的心理特質以及華人教養文化特色，討論臺灣父母常見的管教方式，並運用「臺灣青少年成長歷程研

究」的實證資料，分析並比較父親與母親的管教行爲如何影響青少年的
發展與表現。

一、父母控制：社會權力的觀點

　　從1970年代開始，有關親子關係或教養行爲的研究大多認定「父
母支持」（parental support）與「父母控制」（parental control）爲教
養的兩個重要面向；前者指父母對子女的支持、接納、溫暖與關愛，後
者則爲監督、約束、訓練與要求等作爲（Rollins and Thomas 1979）。
從過往的研究成果來看，大多數的實證研究都一致肯定「父母支持」對
於子女身心與社會發展之正面影響，但是對於「父母控制」的概念、
形式及其效果卻有相當分歧的看法與發現，至今仍無定論（Barnes and
Farrell 1992; Chao 1994; Rollins and Thomas 1979; Sorkhabi and Mid-
daugh 2014）。這些分歧有一部分來自於研究對象的年齡與文化差異，
因爲每種文化對於父母權威的認定並不相同，而子女認定父母權威施展
的範圍也隨年齡階段而不同。從「教養」的內涵來看，「養」指的是關
愛，接近「父母支持」的面向，而「教」指的是管教，接近「父母控
制」的面向。國內學者以「管教」代表父母控制面向的教養行爲，並以
臺灣青少年爲研究對象，也同樣發現管教的效果有正有負，不似關愛那
麼正向與穩定（陳婉琪、徐崇倫 2011）。所以，管教的方法及其效應
是青少年教養研究最需要努力突破的問題。

　　根據社會權力理論的觀點，權力等同於影響或改變他人的能力，而
權力的基礎來自於社會認可的正當性（legitimate power）、酬賞能力
（reward power）、高壓強迫（coercive power）、認同的魅力（refer-
ent power）、訊息提供（information power）以及專家知識（expert
power）等，這些資源往往決定了社會關係中的權力結構，支配成員之

間的互動關係（French and Raven 1959）。當子女年幼時，親子之間
的權力關係相當不平衡，父母往往藉著資源提供與地位優勢有意圖與無
意圖地影響子女。控制指的就是有意圖的影響方式，在西方文獻中常與
訓練（parental discipline）、宰制（parental dominance）、約束限制
（parental restriction），或高壓強迫（parental coercion）等名詞交互
使用（Rollins and Thomas 1979: 317-364）。質言之，父母控制是指父
母在社會與文化規範下，運用身體的、經濟的、知識的能力以及子女對
父母情感依賴等資源優勢，試圖達到影響或改變子女的目的，例如提高
子女的學業表現、預防或修正子女的偏差行為。這些資源包括社會認可
的正當性，也就是父母權威（parental authority），以及父母個人特質
或資產，例如財力、體能或知識等。父母如何運用這些權力或資源教養
子女，除了受到個人條件的限制外，也受到社會文化以及親子雙方如何
認定父母權威之影響。

　　青少年由兒童發展至成人的過程中，無論身心能力或社會關係都
與日增強，逐漸累積了一些他獨立於父母之外的資本，也因而改變了他
和父母之間的權力結構。父母權威下降的速度在青少年初期最為明顯，
諸如作息或交友等個人領域的事情，在青少年眼裡，都視為父母不可
「侵入」的自主範疇（Darling et al. 2008）。特別是，親子雙方對於
父母權威的範圍並無一致的看法，子女認定的範圍往往小於父母所認定
的（Smetana 1988），而青少年往往高估自己的自主表現，父母卻傾向
於低估子女的自主表現（黃聖桂、程小蘋 2005）。在青少年的眼中，
許多從前由父母管束或規定的事務，現在應該由他自己決定或做主了，
一旦父母觸及青少年認為是他個人事務的範圍，即容易引起親子衝突
（Smetana 1988; Smetana and Asquith 1994）。從權力關係的衝突面來
看，控制行為的本質與後果往往不脫權力優勢者試圖操縱劣勢者，並使
之依賴既有之不平等權力關係的模式（Collins 1988）。總而言之，父

母施展權威以控制（限制或要求）子女是社會化的主要形式，也容易引起青少年子女的反抗，如何察覺親子權力關係之變化與雙方資源之消長而在個人的自主性（autonomy）與社會的共融性（communion）之間取得教養關係與目標的平衡，是決定父母能否持續有效影響子女的重要因素（Grusec 2012）。

　　針對父母控制所引發的質疑和討論，Maccoby（2007）歸納社會化的相關理論與研究後指出父母施用權威的必要性與青少年子女的反抗拒絕都是無需再討論的事實，我們迫切需要回答的問題是，面對子女強大的自主要求，什麼樣的控制方式才能發揮父母的影響力而達到教養目標。由於教養的主要目標在於強化個人的內控能力進而提升自我價值感並抑制偏差行為，子女是否認同父母控制的正當性以及控制方式的適當性都是需要優先考量的。因此，父母運用權力優勢管教子女時，應該格外重視「自主性准予」（autonomy-granting），允許子女表達不同的意見並尊重他們的反應。換句話說，父母應該正視子女對於父母權威範圍的認定並以較為民主的控制方式（democratic control）促使青少年子女服從規範，才可能獲致正面的效果，如果一味以威權方式要求子女順從，恐將無法達到管教的目的，反而引發親子衝突與子女的反抗以至於適得其反。

二、適宜的管教方式

　　那麼，何謂適宜的管教方式呢？Baumrind（2012）認為民主權威式父母和專制威權式父母同樣嚴格要求子女，不同的是前者用民主的方式化解子女的抗拒而後者訴諸父母權威並以高壓方式迫使子女就範。他將以上兩種管教方式分別稱為「對抗式」（confrontive）和「強迫式」（coercive）。所謂「對抗式」的控制強調父母對於規則的堅持以及規

則制定與執行過程的民主化。父母建立明確的管教規則，透過解釋和溝通，讓子女準確地理解父母所傳遞的訊息，並以協商的方式處理親子衝突。當子女認為父母的要求是合理、公平而且堅定時，自然比較能夠心悅誠服地接受父母的管教。從社會控制的觀點而言，父母扮演外控者的目標在於培養孩子的內控能力，進而將社會規範內化為是非判斷的依歸，以說理溝通的方式引導對於子女的人格發展或社會發展才是最有利的，尤其是以子女為中心而非以父母為中心的溝通方式效果最佳，因為父母與子女站在平等的地位透過交換彼此的想法，傳達父母的價值觀，最有助於形成子女內在的力量。總之，對抗式要求對於青少年發展是比較好的管教方法，因為它讓孩子在個人的自主性與社會的共融性之間找到平衡點，逐漸成長為心智成熟的社會人，而強迫式要求可能只換來子女表面與短暫的服從，無法提升心智能力。

　　除了溝通協商和堅守規則（也有學者稱之為「一致性教養」）等方法外，父母監視（parental monitoring）也被認為是教養青少年的適當且有效的方法，因為青少年階段是親子權力關係邁向平衡的開端，父母必須為子女保留一個可以自主自決的空間，才能避免親子衝突並且培養子女自我控制的能力。過去的研究（例如：Small and Luster 1994）大多從方法本身的遠距性與間接性等特質認定它的優異性，他們強調監視既有監督（supervision）的功能，可以預防不良因子的影響，又不直接干預或介入子女的活動，相當符合青少年追求獨立自主的需求。近年來的研究觀點則抱持不同的看法，他們特別強調父母知情（parental knowledge）的重要性並且認為父母知情對於子女的正面效益主要來自於子女願意透露自己的交友或活動訊息給父母知道而不純粹是父母的努力（Crouter et al. 2005; Kerr et al. 2010; Lahey et al. 2008）。以上觀點再次顯示子女如何認知父母權威是決定管教目標能否達成的重要因素，如果子女不願意讓父母知道他們的事情，父母即使努力透過各種管

道獲知仍是徒勞無功。

　　相對於上述合宜的管教方式，嚴厲處罰具有強迫性（coercion），被認為是不當的管教行為，因為它不僅無法產生長期且內化的效果，而且容易引發親子衝突、降低父母的知情程度，因而不利於青少年的身心發展與行為表現（吳齊殷、黃鈺婷 2010；Sorkhabi and Middaugh 2014）。Baumrind（2012）指出強迫式控制雖然速效，可以立即阻止或改變子女表現父母不讚許的行為，但阻止或改變的動力與注意的焦點在於子女對於父母權威的屈從，並未觸及行為本身的意義，所以子女無法經由父母的管教行為而產生社會規範或期望內化的能力，即便外在表現發生父母所期望的改變，但也是相當短效而無法持續。Patterson and Stouthamer-Loeber（1984），以反社會行為的青少年為觀察對象，他們發現這些青少年大多來自於父母管教嚴厲的家庭，父母高壓恐嚇式管教（例如體罰）非但無法有效改善孩子的偏差行為，反而導致親子衝突，進而形成親子關係的惡性循環。

　　雖然上述美國的研究強調嚴厲管教容易引起青少年反抗，是較不適宜的方式，但若放進文化視框比較，則未必如此，因為青少年已逐漸具備抽象與多元的思考能力，能夠超越現實的經驗，以哲學的思維模式，察覺文化的框限（Keating 1990）。劉惠琴（2000）從臺灣青少女描繪他們與母親互動的經驗中發現，青少女不只看到母親教養孩子與維持生計的行為，更體會到母親內心與現實交戰的困境，這些理解使得他們對於母親的評價除了反映出個別家庭的差異外，也體現出青少年以文化視框詮釋父母行為的能力。年幼的孩子只能判斷父母管教行為的立即後果，並依此判斷做出服從或反抗的回應，青少年則能進一步從父母的角色期望與現實情況去詮釋父母的要求與限制行為。也就是說，這個階段的子女已經能觀察到父母的現實處境與文化圖像中父母角色之間的衝突，也逐漸察覺到親子之間的互動關係及其文化意義。

　　在一項跨文化的教養研究，Barber和他的同僚們（1992）比較美國和德國青少年的自尊和父母支持與控制行為之間的關聯性，他們很驚訝的發現德國青少年的自尊並不如美國青少年一樣受到父母支持行為、引導管教或嚴厲控制之影響。針對這不一致發現的可能原因，他們進行事後分析（post-hoc analyses）後指出父母教養行為對於德國青少年的自尊並非沒有影響而是兩個社會的青少年對於社會化過程中父母行為的理解與詮釋可能不同。Wu（1996）在臺灣的調查研究中也發現嚴厲的管教方法並不會影響孩子的自尊，這或許是因為威權式教養在華人文化中被賦予正面的意義，個人也因此不易有負面的感受。Baumrind（1996）根據青少年的身心發展需求認定體罰是不適宜的管教方式，但比較不同文化社會的實證研究結果後，他注意到任何管教行為都有其文化意涵，體罰並非全然不可的，判斷的重點在於實施體罰的關係情境與文化情境。由此可見，教養研究必須特別留心跨國的、族群的與階層的文化差異性，才能確實掌握家庭社會化的運作方式與結果。

　　在華人家庭倫理的薰陶下，臺灣青少年雖然能夠體諒父母嚴厲管教的苦心，比較不會產生負面的情感反應，但這些管教方式如何影響青少年發展呢？也如同西方的發現一樣，對於青少年的身心健康或行為表現具有直接且不良的影響嗎？吳齊殷與周玉慧（2001）分析母親的嚴厲教養、親子衝突和青少年偏差行為三者之間的關聯，獲得和西方雷同的結果。陳婉琪與徐崇倫（2011）也發現嚴厲管教妨礙青少年的心理健康，適當的管教（例如：監督）則有些許正面作用。

　　以上這些研究分析如果加入文化視框的考量，進一步檢視青少年對於父母管教的反應可能產生的交互影響，或許有機會呈現我們特有的管教影響途徑。當然這些雷同於西方的研究發現也可能是社會變遷的結果，例如林惠雅（2014）調查國中階段的青少年就發現臺灣父母已很少使用嚴厲的管教方法，「溫情」、「監督」與「引導」等西方民主式

管教方法反而是現代父母最常採取的。

從方法上而言，根據橫斷面資料（cross-sectional data）推斷嚴厲管教和青少年發展之間的關聯性也可能是不正確的，因為同時間點觀察到的教養行為與子女表現是很難論定兩者之間的因果關係。林文瑛與王震武（1995）研究中國傳統的教養觀及其在臺灣實踐的情形就發現體罰行為是管教角色與情境造成的；由於嚴厲處罰容易產生立即的嚇阻作用，當管教者面臨困境時（例如：發現孩子不服從管教或出現偏差行為時），往往會選擇比較速效的管教方式，所以嚴厲管教和青少年偏差行為之間常被發現具有高度的相關性，研究者若採用貫時性追蹤資料做為因果關係的分析基礎，或許會有不同的發現。

總而言之，父母的管教行為和子女的表現是一種循環性的因果關係，適宜的管教方式是對於青少年發展與表現有正面效應的，而適宜的標準並非放諸四海皆準，除了考量子女的身心發展需求外，文化視框更是不可忽略的重點。

三、性別與管教

過去的研究大多以母親的教養為研究焦點，即使探討親職問題也較少將父親與母親區分開來討論（吳明燁 1998a）。事實上，從社會權力的觀點而言，父親與母親擁有的資源不同，男孩和女孩也因性別不同而擁有不同地位，這些差異使得教養行為的效果產生變化（Abell and Gecas 1997）。權力－控制理論（power-control theory）指出，在父權社會裡，父母與子女的互動模式基本上是性別關係的複製，父母對於不同性別子女給予不同的社會控制，女孩在行為方面受到較多的管束與控制，男孩相對的獲得較多的自由，而社會控制較少的一方相對容易出現偏差行為（Grasmick et al. 1996; McCarthy et al. 1999）。不過，性別與控制的關係會隨著父母之間的權力結構改變而不同，當母親的權力小

於父親時，女兒便成為母親社會化的焦點，因為女兒未來將擁有的權力與扮演的角色是和母親一致的，母親會把自己的角色與地位投射在社會化女兒的過程中，相對的也會以自己和丈夫之間的權力關係做為社會化兒子的藍圖。但是，當母親的地位與父親相當時，她不會再把控制的焦點放在女兒身上，對於男孩和女孩所施行的控制就不會有明顯的差異了（Leiber and Wacker 1997）。可見，社會趨向男女平權的方向發展時，父親與母親的角色分工不再像傳統社會那麼涇渭分明，而男孩和女孩受到的父母控制也越來越相似與相當。

　　不過權力──控制理論強調母親地位提升對於女兒控制的鬆弛，卻忽略母親權力增強所導致的家庭權力關係變化，不僅鬆動傳統母女互動的模式，也可能改變母子的關係，同時增強母親控制的效果，並連帶的影響了父親的角色。以母親就業為例，工作時間越長的母親對於子女的管教越鬆弛，丈夫分擔管教工作的可能性也越高，但是，這些現象具有階層之間的差異，並非普遍發生，尤其教育階層較高的母親，寧可蠟燭兩頭燒，也不會因工作關係而鬆懈管教子女的工作（吳明燁 1998b）。對於中上階層家庭的女兒而言，母親就業並不會增加她的自由，反而強化了管教的效果。這些發現顯示教育程度對於母親管教具有重要的影響力，而影響的重點不只是投入管教的時間與心力更在於管教的效果，也就是管教對於子女產生的影響。

　　現今的性別分工模式雖然不像過去那麼僵化，父親承擔了比以往更多的親職工作，而母親掌握的資源也隨著教育程度與就業率提高而越來越豐厚，但大多數的家庭仍由母親扮演主要的照顧者與管教者。一方面由於負責日常生活的照顧與管理，母親對子女的要求容易流於瑣碎與重複，因此在子女的眼中，母親的角色常被形容為「親而膩」，而父親與子女生活上的接觸沒有母親那麼多，雙方保持一種「似親不親」的距離，反而強化了教養的權威，在子女眼中是「遠而敬」的角色（李美枝

1998）；另一方面由於夫妻關係趨向平等，母親因為管教的需要，反而比父親更常扮演黑臉，傳統「嚴父慈母」的分工模式正逐漸被「嚴母慈父」或「母兼父職」取代（Shek 2005）。這些變化顯示教養的性別效應不容忽視，其中又以父母角色的實踐方式以及子女的反應與評斷特別值得深入比較。

四、父母管教對於青少年發展的影響：以偏差行為和自尊感為例

青少年初期至中期是自我概念形成的關鍵時期也是偏差行為的好發階段，如何預防偏差行為以及有效提升自尊（self-esteem）一直是青少年研究與教養研究的焦點。由於社會學研究強調結構性因素的重要性，過去的研究大多側重於家庭結構對於青少年行為的影響，比較少進一步推敲兩者之間可能存在的影響因素。章英華（2001）建議青少年問題研究者在家庭結構、家庭關係與問題之間，加入中介的影響機制，因為釐清影響路徑有助於我們理解問題的癥結而不會盲目指責特定的家庭結構。

青少年正處於嘗試錯誤的學習階段，多數的違規犯過行為是偶發性與情境性的，有時候只是這個階段勇於冒險卻低估風險的發展特性，和成人階段的偏差行為不同（孫世維 2005）。這個階段的偏差行為通常與父母管教不當（例如：嚴厲教養）或不足（例如：缺乏監視）息息相關，而父母不當管教的負面作用遠大於單親家庭的影響（吳齊殷 2000）。雖然多數的研究結果指出，這個階段的偏差行為，只要父母處理得當，大多會隨著青少年步入成年而消失，但是伴隨偏差行為而至的學業失敗或身心傷害所帶來的負面影響卻是相當深遠的（Barnes and Farrell 1992; Patterson and Stouthamer-Loeber 1984; Small and Luster

1994）。尤其青少年初期（國中階段）正逢人生第一次競爭激烈的升學考試（基測）階段，在強調升學至上的教育體制下，臺灣青少年因為偏差行為而付出的代價與承受的壓力是相對更大的。因此，如何預防偏差行為向來是青少年教養的重點之一。

自尊感是指一個人對自己正面的觀感，是衡量一個人社會心理狀態的重要指標；一個高自尊的人通常自認是高效能、有價值、有能力和值得他人肯定的，這些正面的自我肯定除了來自個人成功的經驗（例如：學業表現優良）之外，也受到重要他人的影響（Rosenberg 1981: 598-599）。根據發展心理學的觀點，青少年階段是自我概念（self-concept）形成的關鍵時期，而個人能否順利建立穩定且正向的自我概念，成為高自尊的人與父母教養有關，因為父母在子女社會化的過程中扮演重要的角色，不僅透過教養傳遞社會規範與價值觀，也表達了父母對子女表現與能力的評估，而這些經歷都會影響孩子對自我價值與地位的判斷（Jaffe 1998: 194-202）。過去的實證研究也發現，父母採用嚴厲的管教方式，孩子容易懷疑或低估自我的價值；相反地，如果父母以溝通或引導的方式，培養孩子內化的能力，則有助於提升孩子的自我價值感（Barber et al. 1994）。

以下運用「臺灣青少年成長歷程研究」調查資料，比較臺灣父親與母親如何管教青少年階段的子女，再分析這些管教方法如何影響青少年的偏差行為和自尊。由於臺灣民眾十分重視以孝道為核心的家庭倫理價值（朱瑞玲 2015），子女如何解讀父母的管教行為可能比父母如何管教還要重要，本研究將進一步分析父母管教方法和子女反應兩者對於青少年發展的影響路徑。

（一）樣本與研究資料

為了釐清父母管教與青少年發展之間的因果關係，我們以國一階段

的問卷調查資料測量父親和母親的管教方法（只有「約束限制」是運用國三資料），再以國三階段的資料測量子女的偏差行爲與自尊。過去的研究顯示親子雙方對於教養問題的回應總有不小的落差，而子方的報告直接反映他們被教養經驗、感受以及對父母權威的認定外，比起父母報告，具有較高的預測性（吳齊殷、周玉慧 2001），因此，上述調查資料均以學生問卷爲主要來源，若居住地區、父母教育程度或家庭收入等資料遺漏時，才由父母問卷予以插補。剔除資料不完整的問卷後，本研究的分析樣本共包含731位青少男和739位青少女。

（二）變項測量

本研究以偏差行爲和自尊感等兩項青少年發展指標爲依變項，主要自變項爲父母管教方法和子女對父母教養行爲的反應。此外，考量父母之間的權力結構、子女的性格或學業表現都可能影響管教的方式及其效應，分析模型除了自變項，也加入居住地區、父母的教育程度、家庭收入、子方的反抗性格和學業表現等控制變項，測量題目與信度分析結果詳列於附錄。以下說明主要變項的測量方法：

1. 依變項：偏差行爲和自尊感

本章對於偏差行爲和自尊感的測量方法和第三章相同。調查結果（詳見表5-1）顯示整體樣本出現偏差行爲的頻率低，但男性樣本（$\overline{X}$ = 1.38）顯著高於女性樣本（$\overline{X}$ = 1.25）；自尊感部分也是男性（平均數爲2.75）高於女性（$\overline{X}$ = 2.59）。換言之，不論正向或負向發展，青少男都呈現比青少女強的傾向。

2. 父母管教方法

管教方法除了監視、溝通與堅守規則等專家學者認爲青少年階段合宜的民主管教方式外，還有華人社會相當盛行的嚴厲處罰和約束限制。這部分分別針對父親和母親的管教情形調查子女的認知情形；這些變項

表5-1　父母管教行為、子女反應與青少年發展之性別比較

變項名稱	青少男 (N = 731)		青少女 (N = 739)		t值
	平均數	標準差	平均數	標準差	
偏差行為（1-4）	1.38	.48	1.25	.37	5.70***
自尊感（1-4）	2.75	.55	2.59	.60	5.33***
母親監視（1-5）	3.83	1.00	4.12	.90	-5.84***
溝通（1-5）	3.24	1.13	3.25	1.18	-.14
堅守規則（1-5）	3.37	.54	3.42	.56	-1.53
嚴厲處罰（1-5）	2.66	.51	2.56	.45	4.20***
約束限制（0-5）	2.20	1.82	2.02	1.60	1.96*
父親監視（1-5）	3.55	1.10	3.62	1.09	-1.26
溝通（1-5）	3.08	1.16	3.04	1.22	.63
堅守規則（1-5）	3.57	.96	3.24	1.04	6.32***
嚴厲處罰（1-5）	1.57	.75	1.34	.62	6.44***
約束限制（0-5）	1.92	1.80	1.60	.06	3.64***
子方對母親教養的反應（1-7）					
管太多	3.78	1.83	3.39	1.92	4.47***
不關心	2.00	1.41	1.98	1.48	.34
子方對父親教養的反應（1-7）					
管太多	3.64	1.85	3.18	1.88	5.20***
不關心	2.10	1.49	2.10	1.59	.01

t 值		
母親監視—父親監視	11.90***	17.23***
母親溝通—父親溝通	6.78***	8.44***
母親堅守規則—父親堅守規則	-5.61***	5.00***
母親嚴厲處罰—父親嚴厲處罰	46.77***	60.47***
母親約束限制—父親約束限制	6.44***	8.95***

說明：***p<.001, **p<.01, *p<.05

的資料只有「約束管制」是國三階段調查的，其餘各項的調查時間都是國一階段。

(1) 監視：此變項主要以三個題目測量父母對於子女交友與活動的知情程度，由子方評估父親與母親對他每天行蹤、跟誰在一起以及回家或上床睡覺等狀況之了解程度，平均分數（介於1至5）越高表示知情程度越高。不論父親或母親部分，三項測量指標的內在一致性均達.74或以上。調查結果（詳見表5-1）顯示青少年察覺母親與父親的監視都相當頻繁，母親對兒子與女兒的監視程度分別為3.83與4.12，父親對兒子與女兒則分別為3.55與3.62。

(2) 溝通：所謂民主式管教強調父母對於規則的堅持以及規則制定與執行過程的民主化，也就是父母透過解釋和溝通的方式，讓子女準確地理解父母所傳遞的訊息。所以溝通的測量重點在於父母做與子方或家裡有關的決定時是否會告知想法、詢問意見以及說明決定的理由（詳細題目見附錄）。平均分數（介於1至5）越高表示溝通頻率越高。不論父親或母親部分，三項測量指標的內在一致性均達.82或以上。調查結果（詳見表5-1）顯示青少年察覺母親與父親的溝通頻率都相當高，母親對兒子與女兒的溝通程度分別為3.24與3.25，父親對兒子與女兒則分別為3.08與3.04。

(3) 堅守規則：如前所言，民主式管教除了父母制定規則的過程講求溝通與解釋外，還必須堅持執行的原則，不能說一套做一套。本研究以「如果你沒有做好爸爸／媽媽交代你的事情，他／她會在乎」等三個題目（詳見附錄）測量父親／母親堅守規則的程度。平均分數（介於1至5）越高表示親方堅守規則的程度越高。不論父親或母親部分，三項測量指標的內在一致性均達.72或以上。調查結果（詳見表5-1）顯示青少年察覺母親與父親的溝通頻率都相當高，母親對兒子與女兒的溝通程度分別為3.24與3.25，父親對兒子與女兒則分別為3.08與3.04。

　　(4) 嚴厲處罰：由於嚴厲管教具有強迫與恐嚇威脅的性質，本研究以「如果你做錯事情，爸爸／媽媽會毆打你」等三個題目（詳見附錄）測量父親／母親嚴厲體罰的程度。平均分數（介於1至5）越高表示親方嚴厲體罰的頻率越高。父親部分，三項測量指標的內在一致性達.72，但母親部分則僅達.21。調查結果（詳見表5-1）顯示青少年察覺母親與父親採取嚴厲處罰的頻率不高，母親對兒子與女兒嚴厲處罰的程度分別為2.66與2.56，父親對兒子與女兒則分別為1.57與1.34。

　　(5) 約束限制：此變項的測量題目與方法基本上與第三章相同，以升學期間臺灣父母較常見的管教行為做為測量指標，包括「控制電話或上網使用」等五項，受訪者針對各項指標回答父母是否有此作法，回答「有」的，該項計為1分，最後合計五項的總分，分數（介於0至5）越高表示受訪者察覺對他的約束限制程度越高。調查結果顯示青少年察覺母親與父親約束限制的程度不高，母親對兒子與女兒約束限制的程度分別為2.20與2.02，父親對兒子與女兒則分別為1.92與1.60。

3. 子女反應

　　這部分測量子女對父親／母親教養的反應，包含管教和支持兩面向，測量題目係國三時期學生問卷中的兩道題目：「你覺不覺得爸／媽管太多」和「你覺不覺得爸／媽不關心你？」，前者反應管教程度，後者反應支持程度。答項從「沒有」到「總是」，計為1至7分，分數越高表示越傾向負面反應。調查結果（詳見表5-1）顯示青少男與青少女認為媽媽「管太多」的平均程度分別為3.78與3.39，認為爸爸「管太多」的平均程度則分別為3.64與3.18；至於關心的層面，青少男和青少女都傾向於不認為媽媽「不關心」他（她），平均數分別為2.00與1.98，同樣的，青少男和青少女也都傾向於不認為爸爸「不關心」他（她），平均數分別為2.10與2.10。

（三）分析策略

　　本研究的主要目的在於比較民主式與傳統式管教方法以及子女反應對於子女發展的影響，並且檢視性別效應。我們運用獨立樣本t檢定考驗性別差異，首先分析父母運用各種管教方法的頻率是否因子女的性別而不同，然後檢視管教方法之運用是否因父母角色而不同。確認性別差異後，我們將分析樣本依性別區分爲母親──青少男、母親──青少女、父親──青少男與父親──青少女等四組，分別檢定父母管教方法與子方反應及兩者之間的關係對於子女偏差行爲與自尊感的影響。第一部分以多元迴歸分析法考驗父母管教方法與子女反應之間的關聯性，第二部分採用階層迴歸分析法（hierarchical regression），分別以偏差行爲和自尊感爲依變項進行統計考驗，以確認管教方法、子女反應和依變項之間的影響路徑。以母親對青少男的偏差行爲爲例（請參照表5-2A），我們先以五種管教方法與控制變項進行多元迴歸分析（DM1），再於原模型中加入一項子方對母親教養的反應，最後比較母親管教方法與子方反應的影響。

（四）研究發現

1.性別差異

　　獨立樣本t檢定的結果（表5-1）顯示母親監視女兒的頻率高於兒子，但是嚴厲處罰和約束限制之頻率則兒子高於女兒，至於溝通和堅守規則的頻率並無顯著的性別差異。比較而言，父親的管教行爲比母親更傾向於「重男輕女」，因爲父親在嚴厲處罰和約束限制兩種方法之運用頻率上，和母親相似，都是兒子高於女兒外，對於兒子採堅守規則的程度也大於對女兒的；至於監視與溝通則無顯著的性別差異。差異性檢定結果除了顯示父母運用各種管教方法的頻率因子女性別而不同，管教策略之運用也因父母角色而不同；無論在管教兒子或女兒部分，所有管教

表5-2A　母親管教與青少年偏差行為之迴歸分析

預測變項	青少男					青少女				
	GRM(管太多)	CRM(不關心)	DM1	DM2	DM3	GRF(管太多)	CRF(不關心)	DF1	DF2	DF3
居住地區（1＝臺北）	-.02	.05	.06	.06	.06	-.03	.01	.06	.06	.06
母親教育程度	-.01	-.04	-.10*	-.10*	-.10*	.08*	.04	.03	.02	.03
家庭收入	.09**	.10*	.14**	.13**	.13**	-.02	-.03	-.03	-.03	-.03
子女性格（反抗性）	.08*	.09*	.08*	.08*	.08*	.09*	.03	.03	.02	.03
子女學業表現	-.12**	-.07	-.22***	-.21***	-.22***	-.04	-.05	-.12**	-.12**	-.12**
監視	-.07	-.02	-.02	-.01	-.02	-.05	-.09*	-.12**	-.11**	-.11**
溝通	-.03	-.17***	-.08*	-.08*	-.07	-.12**	-.14**	-.03	-.01	-.02
堅守規則	.12**	.01	-.03	-.04	-.03	.01	-.05	.02	.02	.02
嚴厲處罰	.10**	.08*	-.01	-.02	-.01	.06	.10**	.01	-.01	-.01
約束限制	.17***	.09*	-.08*	-.10**	-.09*	.19***	.02	-.02	-.05	-.02
子女對母親教養的反應										
管太多				.10**					.17***	
不關心					.06					.11**
F	6.57***	6.43***	8.75***	8.62***	8.23***	6.77***	5.37***	3.55***	5.18***	4.04***
Adjusted R²	.075	.068	.095	.102	.098	.071	.055	.033	.058	.043
R² Change				.008**	.004				.026**	.011**

說明：(1)表格內數字係迴歸係數Beta值。
(2) *** p<.001, ** p<.01, * p<.05

策略都呈現母親運用頻率高於父親的現象。

　　以上分析結果顯示母親管教方法之運用似有「兒子直接——女兒間接」的區隔現象，父親則有「重男輕女」的傾向，而在父母角色分工體系下，母親的管教較父親密集。這些發現在母親的部分和權力——控制理論的觀點大致相符，但父親的部分則顯然隨社會變遷而有所變化。必須特別留意的是，以上資料係根據子女的報告，也就是子女對於父母管教行為的察覺與認知，而這樣的測量方式雖然較能有效的預測子女的發展與表現，但測量的結果並不一定完全反映出父母的實際行為。

　　最後，本研究考驗兩性之間對於父母的教養是否呈現不同的反應？在管教的部分，青少男對於「媽媽管太多」和「爸爸管太多」的反應均明顯比青少女強烈；在支持的部分，兩性都傾向於不認為「媽媽不關心我」或「爸爸不關心我」，性別之間並無顯著差異。以上結果詳見表5-1。

2. 母親管教的影響

　　母親的管教行為如何影響青少年階段的偏差行為與自尊感呢？以下先就偏差行為分別說明青少男與青少女的分析結果，再依序說明自尊感的部分。在提出依變項的分析結果之前，我們先說明管教方法與子女反應的關聯性，以釐清管教方法對於青少年發展的影響途徑中，子女反應所扮演的角色。

(1) 管教方法與子女反應的關聯性

　　子女反應是指子方對於母親教養的反應，共包含「管太多」和「不關心」兩個變項。以青少男為樣本的迴歸分析結果顯示堅守規則、嚴厲處罰和約束限制等管教方法都會增強「管太多」的感受程度，監督和溝通則無顯著影響（表5-2A GRM）；同樣的，嚴厲處罰和約束限制等管教方法也會增強「不關心」的感受程度，但是溝通有助於減弱「不關心」的感受，監視與堅守規則並無顯著的影響（表5-2A CRM）。

　　青少女的分析結果不太相同，她們對母親「管太多」的感受程度只會因爲約束限制而增強，監視、堅守規則和嚴厲處罰均無顯著影響，溝通反而可以減弱這項負面感受（表5-2A GRF）；至於「不關心」的感受，只有嚴厲處罰會有增強作用，監視和溝通都有助於降低這項負面感受（表5-2A CRF）。相較而言，傳統管教方式比民主管教方式容易帶給子女負面感受，而青少男又比青少女容易因爲母親管教而有負面感受。

(2) 母親管教對青少年偏差行爲的影響

　　針對青少男的偏差行爲所進行的多元迴歸分析結果（表5-2A）顯示，在控制母親的教育程度、家庭收入以及子方的居住地區、性格與學業表現之後，母親採取溝通與約束限制等管教方法的頻率越高則青少年越少出現偏差行爲，其他管教方法並無顯著的影響（DM1）。從社會控制的觀點而言，母親的溝通與限制行爲有抑制兒子偏差行爲的效果。當迴歸模型加入「管太多」的反應變項後（DM2），模型的解釋力明顯提升（R^2 Change = .008），反應變項也達顯著水準（Beta = .10），管教變項的影響則無明顯變化。不過，模型加入「不關心」的反應變項後（DM3），模型的解釋力並無顯著提升，反應變項也未達顯著水準，表示青少男對於母親「不關心」的感受並未影響其偏差行爲的頻率。

　　母親管教方法合併「管太多」反應變項的迴歸分析模型（DM2）顯示在考量「管太多」感受的負面影響後，溝通與約束限制對於青少年的偏差行爲具有抑制作用；若進一步參考這兩項管教方法與「管太多」感受之間的關聯性（GRM），則可以發現母親的約束限制一方面直接對於青少男的偏差行爲產生抑制作用，另一方面卻提升了青少男對母親「管太多」的負面感受，進而增強其偏差行爲的頻率。母親是否應該採取約束限制的管教方式？從抑制青少男偏差行爲的目標來看，是相當矛

盾的。

　　青少女的分析結果和青少男不太相同。五項母親管教方法中，只有監視一項達到顯著水準（Beta = -.12），具有抑制偏差行為的效果，其餘四種方法並無顯著的影響（表5-2A DF1）。值得注意的是，青少女對於母親「管太多」或「不關心」的感受程度都對偏差行為具有顯著的增強作用（Beta值分別為.17和.11）。當這兩個反應變項分別加入迴歸模型後，模型的解釋力明顯提升（R^2 Change = .026 & .011），而且反應變項的影響力幾乎大於母親任何一項實際的管教行為。針對青少女偏差行為而言，監視可謂五項母親管教方法中最有效的，因為它除了對偏差行為具有直接抑制的作用外，還可以有效降低青少女對於母親「不關心」的感受程度，進而減弱偏差行為的頻率。

(3) 母親管教對青少年自尊感的影響

　　針對自尊感所進行的多元迴歸分析結果（表5-2B）顯示，在控制母親的教育程度、家庭收入以及子方的居住地區、性格與學業表現之後，母親的監視與溝通行為可以提升青少男的自尊感（Beta值分別為.08和.11），約束限制卻有反效果（Beta = -.08），堅守規則與嚴厲處罰則無顯著影響（SM1）。當原來的迴歸模型個別加入「管太多」和「不關心」等反應變項後，兩個模型的解釋力都明顯提升（R^2 Change = .018 & .022），表示青少男越覺得母親管太多或不關心他，則自尊感越低。值得注意的是，分析模型加入「管太多」或「不關心」等反應變項後，反應變項的影響力勝過任何一項實際的管教方法，而管教變項原本顯著的情形也產生了變化。SM2模型顯示監視與約束限制等兩項管教方法在加入「管太多」的感受後，從顯著變為不顯著了；SM3也顯示模型加入「不關心」變項後，約束限制不顯著了。若進一步檢視管教行為和「管太多」的關聯性，即可發現母親的約束限制對於青少男自尊感的影響並非直接的，而是透過反應變項的中介；具體而言，約束限制會增強

青少男對於母親「管太多」和「不關心」的負面感受，進而降低自尊感。

表5-2B 母親管教與青少年自尊感之迴歸分析

預測變項	青少男			青少女		
	SM1	SM2	SM3	SF1	SF2	SF3
居住地區（1＝臺北）	-.003	-.003	.01	-.07	-.07	-.07
母親教育程度	-.03	-.03	-.04	-.06	-.05	-.05
家庭收入	.02	.04	.04	.04	.04	.03
子方性格（反抗性）	-.01	.002	.01	-.03	-.02	-.03
子方學業表現	$.21^{***}$	$.20^{***}$	$.20^{***}$	$.21^{***}$	$.20^{***}$	$.20^{***}$
監視	$.08^{*}$	.07	$.08^{*}$	.003	-.001	-.08
溝通	$.11^{**}$	$.10^{**}$	$.08^{*}$	$.12^{**}$	$.11^{**}$	$.11^{**}$
堅守規則	.05	.07	.06	.02	.02	.02
嚴厲處罰	-.01	.01	.01	-.03	-.02	-.02
約束限制	$-.08^{*}$	-.06	-.07	$-.08^{*}$	-.07	$-.08^{*}$
子方對母親教養的反應						
管太多		$-.14^{***}$			$-.08^{*}$	
不關心			$-.16^{***}$			$-.12^{**}$
F	7.84^{***}	8.64^{***}	$9.01.11^{**}$	6.80^{***}	6.57^{***}	7.18^{***}
Adjusted R^2	.084	.102	.106	.071	.075	.083
R^2 Change		$.018^{***}$	$.022^{***}$		$.005^{*}$	$.012^{**}$

說明：(1)表格內數字係迴歸係數Beta值。
　　　(2)***p<.001, **p<.01, *p<.05

　　青少女的分析結果除了監視外，其餘變項對自尊感的影響大致和青少年男的分析結果相似。具體而言，母親的溝通可以提高青少女的自尊感（Beta = .12），約束限制則有負面影響（Beta = -.08），監視、堅守規則或嚴厲處罰並無顯著的影響（詳見表5-2B SF1）。當原來的迴歸模型個別加入「管太多」和「不關心」等反應變項後，兩個模型（SF2 & SF3）的變化情形大致和青少男的分析結果相似（SM2 & SM3）。唯一不同的是，青少女的自尊感和母親約束限制之間的關聯性並不受「不

關心」的感受程度所影響。

　　綜合而言，母親採取溝通與監視等民主管教方式對於抑制子女的偏差行為和提升自尊感是比較有效的，母親的嚴厲處罰雖無正面效果，亦無負面影響。值得特別留意的是，約束限制的效果相當矛盾對立，一方面可以發揮抑制偏差行為的作用，另一方面卻有害自尊感；一方面對青少男的偏差行為產生抑制作用，另一方面卻提升了青少男對母親「管太多」的負面感受，進而增強其偏差行為的頻率。再就子女的性別差異而言，母親採取溝通方法對於兒子的發展最有助益，可謂五種管教方法中最有正面效益的。

3. 父親管教的影響

(1) 管教方法與子女反應的關聯性

　　多元迴歸分析的結果（表5-3A）顯示，青少男覺得父親「管太多」的感受程度受到監視、堅守規則和約束限制等管教方法影響，監視的頻率越高越沒有這項負面感受，但是堅守規則和約束限制卻有增強作用。溝通和嚴厲處罰雖不影響青少男對於父親「管太多」的感受，卻顯著影響他們對於父親「不關心」的感受；溝通有減弱的效果，嚴厲處罰則增強的負面作用。青少女的分析結果大致和他們對母親的部分相似，也就是約束限制提升她們對父親「管太多」的感受程度，溝通反而可以減弱這項負面感受；至於「不關心」的感受，只有嚴厲處罰有顯著的增強作用，監視和溝通反而有助於降低這項負面感受。

(2) 父親管教對青少年偏差行為的影響

　　我們以相同的多元迴歸分析模式檢視父親的管教行為如何影響青少年的偏差行為與自尊，分析結果（表5-3A）顯示父親的五種控制策略均未顯著影響青少男的偏差行為（DM1），對於青少女的偏差行為也一樣沒有顯著的影響（DF1）。但是加入「管太多」和「不關心」等反應變項後，模型的解釋力顯著提升，「管太多」和「不關心」兩個反應

表5-3A 父親管教與青少年偏差行為之迴歸分析

預測變項	青少男					青少女				
	GRM (管太多)	CRM (不關心)	DM1	DM2	DM3	GRM (管太多)	CRM (不關心)	DF1	DF2	DF3
居住地區（1＝臺北）	.004	.02	.06	.06	.06	.01	.01	.09*	.09*	.09*
父親教育程度	-.05	-.03	-.09*	-.09*	-.09*	.02	.02	-.01	-.02	-.02
家庭收入	.11**	.08	.11**	.10*	.11*	.003	-.05	-.04	-.04	-.03
子方性格（反抗性）	.05	.09*	.09*	.09*	.09*	.13***	.02	.06	.04	.05
子方學業表現	-.13**	-.07	-.24***	-.23***	-.23***	-.06	-.05	-.16***	-.15***	-.16***
監視	-.09*	-.02	.01	.01	.01	-.003	-.11*	-.02	-.02	-.01
溝通	-.04	-.17***	-.05	-.05	-.04	-.12**	-.14**	-.04	-.02	-.03
堅守規則	.14**	.02	-.03	-.04	-.03	.06	.01	.02	.01	.02
嚴厲處罰	.06	.14***	.03	.03	.02	.06	.10*	-.003	-.02	-.01
約束限制	.19***	.04	-.05	-.07	-.06	.17***	-.02	-.02	-.05	-.02
子方對父親教養的反應										
管太多				.09*					.17***	
不關心					.08*					.10***
F	8.29***	6.89***	7.95***	7.74***	7.55***	7.14***	5.71***	3.65***	5.19***	3.95***
Adjusted R²	.094	.078	.091	.096	.094	.079	.062	.036	.061	.044
R² Change				.007*	.006*				.026***	.009*

說明：(1)表格內數字係迴歸係數Beta值。
　　　(2)*** p<.001, ** p<.01, * p<.05

變項對於青少男（DM2 & DM3）和青少女（DF2 & DF3）的偏差行為的影響都達到顯著水準，但沒有因此改變管教變項的影響情形。具體而言，青少年感受父親「管太多」或「不關心」的程度越強，則發生偏差行為頻率越高。由此可見，對於青少年偏差行為而言，子女對父親教養的感受比父親實際的管教行為更有影響力，男女皆同。

(3) 父親管教對青少年自尊感的影響

自尊部分的多元迴歸分析結果（表5-3B）顯示父親溝通行為越頻繁則青少男的自尊感越強，嚴厲處罰則有負面的影響（SM1）。加入「管太多」的反應變項後，模型（SM2）的解釋力明顯提升（R^2 Change = .012），「管太多」雖沒有發揮中介作用，對於青少男的自尊感卻有顯著的負面影響（Beta = -.12），且其影響力勝過任何一項父親的管教行為。青少男對於父親「不關心」的感受程度不僅顯著影響其自尊感（Beta = -.15），而且中介了溝通的影響力。比較SM2與SM3模型，可以發現加入「不關心」變項後，溝通的Beta值從顯著變成不顯著，加上溝通和「不關心」感受之間具有負向連結，因此我們可以知道父親溝通減低了青少男對於父親不關心的感受程度，進而提升其自尊感。以上結果顯示，父親的管教方法對青少男自尊感的影響甚於對偏差行為的影響。

對於青少女而言，除了溝通之外，父親監視也有助於提高自尊感，但是堅守規則和約束管制反而帶來負面影響，嚴厲處罰則無顯著影響（SF1）。和青少男不同的是，青少女的自尊感只受到反應變項中的「不關心」感受影響（SF3），「管太多」的感受程度未達顯著水準（SF2）；換言之，越感覺父親「不關心」的青少女自尊感越低，「管太多」的感受程度反而沒有影響。整體而言，父親管教對於青少年自尊感的影響明顯勝於偏差行為，男女皆然。

表5-3B　父親管教與青少年自尊感之迴歸分析

預測變項	青少男			青少女		
	SM1	SM2	SM3	SF1	SF2	SF3
居住地區（1＝臺北）	-.03	-.03	-.02	-.08*	-.08*	-.08*
父親教育程度	.04	.04	.04	-.05	-.05	-.05
家庭收入	-.02	-.001	-.004	.05	.05	.04
子方性格（反抗性）	.01	.01	.02	-.02	-.01	-.02
子方學業表現	.22***	.21***	.21***	.21***	.20***	.20***
監視	.08	.07	.08	.11**	.11**	.09*
溝通	.10*	.09*	.07	.14**	.13**	.12**
堅守規則	-.03	-.02	-.03	-.13***	-.12**	-.12**
嚴厲處罰	-.09*	-.09*	-.07	.02	.02	.03
約束限制	-.02	.000	-.02	-.07*	-.06	-.08*
子方對父親教養的反應						
管太多		-.12**			-.06	
不關心			-.15***			-.15***
F	8.03***	8.31***	8.89***	9.41***	8.80***	10.23***
Adjusted R²	.091	.103	.110	.106	.108	.125
R² Change		.012**	.020***		.004	.020***

說明：(1)表格內數字係迴歸係數Beta值。
　　　(2)***p<.001, **p<.01, *p<.05

　　綜合以上的分析結果（表5-4），可以發現父親與母親的管教方法對於青少年子女發展之影響具有分殊性，母親管教對於青少年偏差行為的影響較大，而父親管教則對於自尊感的影響較大；值得注意的是，子女對於父親或母親教養的負面感受（「管太多」或「不關心」）深具影響力，影響程度勝過父母實際的管教行為，男女皆然。從管教方法的效果而言，溝通與監視等民主式管教無論對抑制偏差行為或增強自尊都有正面作用，嚴厲處罰與約束管制等傳統式管教對於青少年發展的影響程

度不僅不及民主式，而且是負面的（「母親約束限制對於青少男的偏差行為」除外，在「結論」段落進一步討論）。值得注意的是，堅守規則雖然是民主式教養的重要一環，但它容易引起青少男對父母「管太多」的負面感受，進而不利其發展。上述研究發現都是控制居住地區、親方教育程度、家庭收入、子方性格與學業表現等變項後的分析結果，而這些控制變項對於青少年發展的影響也有幾項重要的發現，值得提出說明。首先是子方學業表現對於青少年的偏差行為和自尊感有顯著的影響，學業越跟不上進度的青少年越常出現偏差行為而自尊感也較低，男女皆然。由此可見，學校課業對於國中階段青少年身心健康影響甚大。其次是子方性格和家庭收入對於青少男偏差行為的影響，研究結果顯示反抗性越強以及家庭收入越高的青少男越容易出現偏差行為。過往研究

表5-4　比較父親和母親的管教效果

	偏差行為		自尊感	
	青少男	青少女	青少男	青少女
母親監視		✓		
溝通	✓		✓	✓
堅守規則				
嚴厲處罰				
約束限制	✓			✓
父親監視				✓
溝通			✓	✓
堅守規則				✓
嚴厲處罰			✓	
約束限制				✓

說明：✓係指根據多元迴歸分析結果，該管教行為對於偏差行為／自尊感的影響達到統計上的顯著水準。

經常以家庭經濟劣勢做爲預測青少年偏差行爲的指標，本研究不同的發現是否顯示家庭收入和父母管教方法對於青少年偏差行爲的影響不是獨立而是有其特定途徑的？值得後續研究深入探討。

五、結論

　　何謂適宜的管教方式？對於臺灣青少年而言，民主式管教是否比傳統方法有利？本研究運用「臺灣青少年成長歷程研究」的調查資料，針對父（母）管教方法、子女反應和青少年偏差行爲（自尊感）三者進行階層迴歸分析的結果，獲得以下幾項結論：

（一）民主式管教比傳統式管教有益於青少年發展

　　整體而言，以監視與溝通爲主的民主式管教有助於抑制青少年偏差行爲和提升自尊感，以嚴厲處罰和約束限制爲主的傳統管教方式則具有負面影響。這個雷同於西方的研究結果，顯示臺灣當前的教養文化已和Wolfe（1972: 65-73）當年描述的「父母刻意在身體上和情緒上和孩子維持疏遠的態度」和「最好的管教方式就是嚴厲懲罰他們不服父母期望的行爲」大不相同了。教養民主化儼然成爲臺灣社會發展的趨勢。出乎意料的是，堅守規則是民主式管教的重要一環，對西方青少年大多產生正面的效果，但根據本研究發現，它對臺灣青少年的影響卻是負面的，並非適宜的管教方法。

　　說理溝通需要知識與訊息等資源，更需要時間與溝通能力，並非所有爲人父母者都可以勝任的，嚴厲體罰雖然傷害親子關係卻是立竿見影最爲速效的方式。誠如林文瑛與王震武（1995）所言，體罰行爲通常是情境因素造成的；當父母面臨管教困境時比較容易採取立即有效的方式因應問題，心有餘力時才會說理溝通。對於那些疲於生計，經濟、人力與時間資源都較爲缺乏的中下階層父母而言，民主式管教方法雖然優

於傳統式，但恐怕不是容易實踐的。因此，管教方式也存在階級不平等的現象。

（二）子女反應對於青少年發展的影響勝過父母實際的管教行爲

　　本書探討「管」的教養類型（第三章）時，發現臺灣青少年並不會因爲父母支持低或要求多的教養方式，而認爲父母比較不關心他們或管他們太多。本章進一步針對管教部分，比較分析各種管教方法、子女反應和青少年發展的三者之間的關聯性。研究結果顯示子女反應對於青少年發展的影響不僅勝過實際的管教方法，而且在父母管教方法和子女發展之間扮演中介的角色。整體而言，傳統管教方式（嚴厲處罰和約束限制）和堅守規則容易引起青少年子女對父母「管太多」和「不關心」等負面感受，進而強化青少年的偏差行爲或減弱其自尊感。相反的，監視和溝通等民主管教方式有助於降低負面感受，進而減少青少年的偏差行爲並提升其自尊感。值得注意的是，嚴厲處罰和約束限制引起的負面感受不一樣，前者容易產生「不關心」的感受而後者是「管太多」；「不關心」對於自尊感影響較大，「管太多」比較容易影響偏差行爲。

　　隨著社會變遷，父母權威式微而子代自主權擴張，以親權爲基礎的傳統管教方式逐漸被「以子女爲中心」的民主管教方式取代。從傳統式管教與子女反應變項的關聯性來看，臺灣青少年對於父母管教方式的反應已逐漸脫離傳統的文化視框，轉向以民主理念爲判斷基礎。嚴厲處罰和約束限制等訴諸父母威權的管教方法容易引起青少年反感，似非適宜的管教方式。

（三）「約束限制」的效果相當矛盾對立

　　本研究以「約束限制」代表臺灣家庭常見的傳統管教方法之一，分析結果顯示父親的約束限制只對青少女的自尊感有負面的影響，母親

的約束限制則影響青少男的偏差行為、自尊感和青少女的自尊感，不過影響的效果相當矛盾對立。從影響青少年發展的面向而言，限制約束的管教方法一方面有助於抑制偏差行為，另一方面卻妨害自尊感，讓母親陷入「管也不是，不管也不是」的兩難困境；從影響路徑而言，母親的約束限制一方面直接對於青少男的偏差行為產生抑制作用，另一方面卻提升了青少男對母親「管太多」的負面感受，進而增強其偏差行為的頻率。母親是否應該採取約束限制的管教方式？從影響路徑和結果來看，是相當矛盾的。約束限制的管教效應有待進一步的研究加以釐清。

（四）從「嚴父慈母」到「慈父嚴母」的角色分工模式

　　從監視、溝通、堅守規則、嚴厲處罰與約束限制等五項管教方法的運用頻率來比較父親和母親的角色分工，我們發現「嚴父慈母」的傳統模式已轉變為「慈父嚴母」，而且「慈父嚴母」的分工模式似乎優於傳統的「嚴父慈母」，因為父親不僅分擔較少的管教工作，採用嚴格教養的負面效應也較為顯著。這些角色變遷的現象和Shek（2005）在香港的發現一致，也顯示Sharon Hays指出的「母職的文化矛盾性」不僅存在於西方社會，也是女性就業率越來越高的亞洲社會所面臨的母職困境，如何克服家庭與工作角色之間的衝突可謂現代母親共同遭遇的問題。在傳統華人文化和西方民主文化的交互影響下，許多臺灣家庭的管教方式呈現「中學為體，西學為用」的現象，父母雖然學習採用民主管教方式，但內心深處仍然抱持「嚴教觀」的傳統理念，常常在溝通說理無效後，搬出父母權威要求子女服從（李美枝 1998），這對於偏好民主式管教的青少年而言，是容易引起反感的。因此，如何選擇「好」的管教方法，對於現代父母而言，是一項很大的挑戰。

第六章　教養與親子關係

　　「父母難為」是為人父母者共同的心聲，尤其當子女步入青少年時期，親子之間的衝突明顯增加，許多父母感受到「緊密」之外的「緊張」關係所帶來的壓力。這種「緊密又緊張」的親子關係固然和青少年尋求獨立所引發的離合困境有關，但也可能是父母教養行為導致的後果。Steinberg（2001）特別指出現代父母重視親子之間的親密性，教養引發親子衝突帶給父母的挫敗感和失落感遠勝於子女對親子衝突的負面感受，但是這個時期的親子衝突似乎難以避免，因為父母和子女之間扮演不同角色也有不同的成長背景，對於衝突事件或事件背後的規範常常會有不同的想法和期望。青少年階段的親子關係除了延續子女對父母的依附外，更增加了衝突的元素，因此「父母難為」的問題除了如何管教才能奏效的挑戰外，更涉及如何維持良好親子關係的焦慮與無奈。

　　親子關係的發展是持續的動態歷程，而青少年時期扮演一個關鍵的轉換階段，因為這個時期親子之間的權力結構開始出現互為消長的變化，子女處於角色擴張而父母處於中年危機的階段，雙方之間的親密互動或衝突不僅影響生活品質也往往決定後續階段的關係品質（周玉慧等2010; Aquilino 1997）。加上情感已成為現代人際關係的核心，親子互動並非強者主宰弱者的權力運作模式而已，父母對子女的愛與不忍或子女對父母感恩與依附等情感因素，反而是決定雙方互動關係的主要因素，中外皆然（李美枝1998；Steinberg 2001）。因此，青少年階段的親子關係相當特殊且重要，一直是學術界與實務界關注的議題。

　　影響親子關係的因素很多，父母的教養行為是其中重要的一環。過去的研究雖然已累積相當豐富的成果，但大多數的研究都只從單一面向討論親子關係，不是正向的親子連結（例如：Amato and Afifi 2006; Sobolewski and Amato 2007），就是負向的親子衝突（例如：Shek 2002; Allison and Sehultz 2004），很少同時從正負兩個面向探討，所以未能充分反應這個階段「緊密又緊張」的關係特質。周玉慧等人

（2010）的研究是少數從多面向分析親子關係的，但該論文的重點在於比較親子雙方感受之一致性，並未觸及親子關係的矛盾情結。德國社會學家Luescher and Pillemer（1998）主張親子關係的本質並存著正面的與負面的情感元素，子女對父母同時具有依附和衝突這兩種彼此對立的情感，用「矛盾情結」（ambivalence）來詮釋親子關係比任何單一面向更真切而完整，而子女對父母的矛盾情結和父母的角色結構有關。

　　想要探索「父母難為」的真正原因，直接從教養方法或方式上尋找答案顯然是不足的，由父母角色結構的矛盾性切入，並檢視角色表現與親子關係之間的關聯性比較可能找到問題的根源（Luescher and Pillemer 1998）。本章先從代間矛盾的觀點，探討親子關係的本質，分析青少年階段親子之間的依附與衝突，再運用「臺灣青少年成長歷程研究」（TYP）的長期追蹤調查資料，檢視從父母角色引申而出的雙面向教養行為對於親子關係產生的衝擊。

一、親子關係的本質：代間矛盾觀點

　　親子關係是一切社會關係的基礎，影響個人福祉與社會發展至深且鉅，它非但沒有隨著核心家庭式微、少子化現象或國家福利制度逐漸興盛而失去原本的重要性，反倒因為它穩定與持久的特質而被期待成為現代社會中最重要的親密關係，甚至取代愛情成為個人情感的依靠（Beck et al. 1994; Giddens 1992）。親子關係的重心從過去強調經濟互惠轉至目前重視情感相依，越來越多的父母發現自己的權威失靈，也體會到情感投資變得比什麼都重要（Arendell 1997: 9），連一向擔任賺食者的父親也必須放下權威，反思自己能否站在子女的角度理解他們並與他們進行親密的情感交流（Dermott 2008; Williams 2008）。父母如此重視子女之情感依附應該是史無前例的現象。這些改變不僅影響親

子之間的互動方式，也改變了父母教養子女的方式（Giddens 1992）。

　　從社會學取向研究親子關係的文獻大多強調代間連帶（intergen-erational solidarity），認為不同世代的家庭成員透過互惠的承諾與規範，彼此交換資源而形成一種堅固的內在凝聚力，進而降低內部的衝突（Rossi and Rossi 1990: 251; Silverstein and Bengtson 1997）。這種源自涂爾幹的社會連帶觀點下的親子關係帶有濃濃的功能性、規範性甚至道德性的內涵。在他們的眼中，「連帶」與「衝突」互為家庭關係的異端，連帶強的家庭是和諧而少有衝突的，相反的，衝突多的家庭則是連帶弱而容易出現虐待與暴力問題的。子女對於父母的情感依附越強代表社會依附越強，個人越能獲得正面的發展，成年後回饋父母的動機也越強，所以親子依附被視為代間交換的情感基礎；反之，缺乏依附或依附太弱則被認為是不和諧、不合作與不支持的衝突狀況（Mertz et al. 2007; Van Gaalen and Dykstra 2006）。總而言之，子女對父母的依附除了情感性，還具有經濟性與社會性等多重功能。

　　把「衝突」當成與「連帶」互為消長的屬性一直是家庭社會學研究代間關係或家庭關係的主要觀點，家庭心理學則特別重視子女對於母親的依附並視之為本能，一種源自於生物演化的主觀情感力量（李美枝1998）。由於親子依附是討論各種人際關係最基本與核心的概念，即便一向以「分離」（detachment）做為親子關係主軸的青少年發展研究也開始重視親密與正面親子互動的影響，他們特別關心青少年如何與父母維持親密關係的同時又能順利完成分化與獨立的發展任務（Bogen-schneider and Pallock 2008）。

　　隨著人際關係全面民主化的趨勢，父母權威與代間規範面臨解構的危機，純粹從正面情感定義親子關係的觀點受到了極大的挑戰，其中又以「代間矛盾」（intergenerational ambivalence）觀點的提出最受注意。Luescher and Pillemer（1998）主張親子關係中並存著正面的與負

面的情感元素，子女對父母同時具有依附和衝突這兩種彼此對立的矛盾情感，他們認爲用「矛盾情結」（ambivalence）來詮釋親子關係比「連帶」的概念才是眞切而完整的。換句話說，親子關係除了依附面向之外尙有衝突面向，兩者對立又並存的狀態才是親子關係的本質與全貌。

二、矛盾情結：既依附又衝突

　　父母做爲子女最早與最主要的生活照顧者，不僅扮演經濟提供者的角色，更是情感依附的對象。根據依附理論的說法，一個人的人際關係或社會適應能力長期受到童年的依附關係所影響，所以父母角色除了工具性之外，更被賦予非常重要的情感性功能，即便到了大學階段，親子依附對於個體化（individuation）的發展仍有持續性的影響（孫世維1994 & 1997；Woodward et al. 2000）。

　　社會控制理論從社會連結（social bonding）的觀點闡釋人們爲何願意遵守社會規範，其中一個重要的連結要素就是子女對父母的依附（attachment）。和其他社會化機構比較起來，父母角色最主要的特質在於，父母除了言教與身教之外，還藉由親子之間的情感連帶，讓子女在自我需求與社會要求之間學習調適與平衡。所以，依附是親子關係的重要元素。不同於心理學家將依附關係定位於幼兒對於主要照顧者的依賴與信任（Woodward et al. 2000），社會學家把依附關係的重點放置在家庭關係脈絡，強調子女對於父母的情感與行爲各方面的關注度（attentiveness）與感受性（sensitivity），並視之爲子女抗拒不良誘惑與追求良好表現的影響機制（McCarthy and Casey 2008）。

　　相對於依附的正向功能，親子衝突一直被視爲不利於青少年的身心發展。Yeh（2011）以臺灣青少年爲樣本所作的分析發現，親子衝突

會帶來負面的情緒（例如：憤怒、受威脅或自我譴責等），而負面的情緒是促發心理與行為問題的直接因素。青少年階段的個體正逢「獨立分化」（individuation）所帶來的「離合危機」，在擴展社會關係尋求自主的同時又需依賴父母的支持與引導，面對的是「自主」與「依賴」之間的矛盾，對於父母的參與和介入容易出現反抗的現象（Giordano 2003; Smollar and Youniss 1989）。

　　早期有關親子衝突的研究多以就診樣本為對象，研究者觀察到的親子衝突都是特別激烈的個案，因此稱青少年階段為家庭的「風暴期」，後來以一般青少年為樣本的研究推翻了「風暴期」的觀點，並指出親子衝突多半出自於父母和子女雙方對於角色和社會規範的認知不一致，而且和父母教養方式息息相關（Steinberg 2001）。實證研究更進一步發現親子衝突常常發生於父母依往例要求子女遵守的規定，卻遭青少年反抗，因為他們認為那是屬於自己做主決定的領域，父母不該干預（Allison and Schultz 2004）。衝突雖然產生負面的情緒或導致敵對的關係，但也是青少年爭取獨立的手段或親子關係由父母權威轉至雙方平權的策略，是青少年階段親子互動的特徵之一（Fuligni 1998）。

　　如何從依附與衝突兩種狀況獲知矛盾情感呢？Steinbach（2008）回顧近十年來有關代間矛盾情結的研究，他發現研究者主要採用兩種方式測量親子間的矛盾情感，一種是直接詢問受訪者對於家人正負對立情緒（例如：又愛又惡）之綜合感受，另一種則是分別測量正面的「情感」和負面的「衝突」兩種對立的感受，再以潛在類型分析法（latent class analysis）進行類型區分（typology），當正面的與負面的感受都高，就表示代間關係是矛盾的（ambivalent）類型。除此之外，社會心理學也發展一套數學公式，用來計算矛盾情結的強度（可參考Fingerman et al. 2006 & Willson et al. 2003）。研究者通常根據研究目的決定測量方法，但依衝突和依附兩面向之對立程度計算矛盾強度是一種偏向

客觀的評估，適用於研究行為的後果。

三、父母角色的功能性與矛盾性

依附和衝突並立的狀態造成子女對父母的矛盾情結，這不是病態也不是個案，而是一種「社會學上的矛盾」（sociological ambivalence）。根據Merton and Barber（1963）的說法，「社會學上的矛盾」指角色結構的矛盾性，是角色期待與義務要求互不相容造成的，可能存在於角色內或角色間，雖然和個人特質引起的心理性矛盾不同，卻會造成個人在社會關係中的矛盾情感。以父母角色為例，父母既是子女需求回應者又是需求剝奪者，一方面提供各種資源滿足子女的需求，另一方面卻又提出各種要求禁止子女從事他們渴望卻被父母認為無益身心健康或不符合社會期望的活動，所以當子女出現違規或不合宜的行為時，父母內心總是矛盾糾葛，因為回應與剝奪都是父母該做的，如何選擇卻是個左右為難的問題。再者，社會關係的矛盾情感存在於互動的雙方，一旦父母執行他的角色義務（例如：高度支持與高度要求），子女對於父母的矛盾情感也成為無法避免的後果。由此可知，親子間的矛盾情結並非早期心理分析認定的心理疾病特徵，而是一種源自社會結構的關係特質，個人無法避免或消除，「父母難為」的癥結可能源生於此。

矛盾的角色結構有其功能性。Merton and Barber（1963）指出每一個角色的組成除了主要規範外（dominant norms），還包含與之衝突的對立規範（counter norms），人們依循主要規範以完成角色任務，但面對突發狀況時，卻需要動用對立規範，才能順利達成任務；換言之，社會角色是由特質對立，而非一致的行為規範建構而成的。以教養角色為例，父母擔負社會化的任務，要求子女是父母的職責所在，但遇到反抗或挫折時，就需要支持性與回應性的行為，才能維持親子間的互動關

係。矛盾的角色結構雖然有利於達成社會目標，但也容易引發複雜的情感，人們如果不能或不易從某種社會關係抽離的話，矛盾不一致的角色結構將對互動的雙方帶來不信任、敵對或又愛又恨的情感。對於還無法脫離依賴家庭階段的青少年而言，因父母的教養行為而產生矛盾情結應該是相當普遍的現象。

Coser（1966）使用「角色距離」（roles distance）的概念，闡釋人們如何在角色轉換的過程中，因應參考團體之間規範與期待不一致的壓力而運用「不服從」的方式表現角色行為，專注於其中一個角色而和另一個保持距離，以克服角色矛盾所帶來的困窘。青少年時期的社會關係由家庭轉向同儕，如果父母堅持己見則子女不是反抗父母的教養就是和父母保持疏離的關係，而以同儕互動為中心，有些青少年甚至以離家對抗這種「既想靠近又想逃離」的矛盾情結（Solomon et al. 2002; Youniss and Smollar 1985）。與西方文化比較起來，華人父母的教養方式傾向於親方強勢主導，這種教養文化對於自主性強的孩子而言，更容易引起親子衝突（李美枝 1998）。

矛盾情感讓人不安，卻是促使角色結構變遷的重要動力。有些父母為了避免衝突，寧可「姑息溺愛」或花錢找代理人，也不願意「扮黑臉，當壞人」；有些父母則始終與溫情角色保持距離，專一扮演黑臉。從社會整體而言，矛盾帶來的不適會促使社會集體因應社會變遷的脈動，共同調整並進而創新父母角色之期待與規範（Connidis and Mc-Mullin 2002）。現代家庭重視親密關係，親子間的矛盾情感對於青少年教養的影響可能遠比過去明顯，加上現代社會盛行「以孩子為中心」的教養邏輯，父母重視子女的反應勝過自己的感受，因此子女對於父母教養行為的矛盾反應值得特別留意。

從Luescher and Pillemer提出代間矛盾情結（intergenerational ambivalence）做為親子關係的理論架構之後，接續的實證研究幾乎都是

以成年子女與年老父母或配偶父母為對象，而且偏重於子女對父母的角
色義務，因為此時親子雙方正面臨角色轉變的階段，成年子女開始擔負
起照顧者的角色，而在面對相互支持與尋求個人自由難以兼得的困境
之下，容易對年老父母產生又愛又憎的矛盾情結（利翠珊 2007；Giar-
russo et al. 2005；Willson et al. 2003）。這種「自主」與「依賴」對
立並存的狀態，除了發生在成年子女與年老父母外，應該就是青少年與
中年父母的階段。青少年正處於角色轉換與擴充的準備階段，親子之間
的關係開始因為同儕因素的介入，而從兒時對父母的依賴與服從逐漸轉
為獨立自主，對於父母的管教容易產生趨避的矛盾情結。

　　青少年階段的親子關係既有階段性的特徵，又影響著後期的發
展，一直被視為個人或家庭生命週期中極為關鍵的時期。以這個階段本
身來說，初期的波動較大，一直到中期時趨於穩定，到了成年初期進入
相對令人滿意的狀況，往後的發展則因其他社會關係（例如：romantic
love）的介入而變化（Bucx and van Wel 2008）。但基本上，成年時期
親子之間不論情感連帶或衝突都受早年的親子關係所影響，互動的方式
或有改變，但關係的品質基本上是由過去延續而來的（Aqillino 1997;
Silverstein and Bengtson 1997），即便代間矛盾情結亦是如此（Will-
son et al. 2003）。換言之，青少年時期的親子關係雖受到青少年身心
發展特質的影響而呈現較不穩定的狀態，但波動後的穩定卻可能是成年
後親子關係的基本樣態，是親子關係發展過程中最具決定性的時期。

四、教養行為對於青少年時期親子關係的影響

　　什麼是「好」的教養方式？西方的「民主權威式」被認定為最理
想的教養方式，因為它最能有效發揮父母權威並兼顧子女的多重需求
（Maccoby and Martin 1983; Maccoby 1992），「雙管齊下」（參見本
書第三章）的教養方式也廣為臺灣中產階級父母採用。但是對子女發展

最好的教養方式也是對親子關係有益無害嗎？從角色矛盾的觀點，難免令人質疑。以「民主權威式」為例，這種強調「支持性的要求」（supportive demandingness），高度混用「支持——控制」的教養方式，雖然可以有效的達到教養目標，但是對於親子關係之長期發展而言，不一定是有利的，因為「溫暖中挾帶著要求」的教養方式可能傷害子女對父母的信任，進一步對父母產生矛盾情感。

另外，有些研究發現父母的「要求」傳達出的訊息可能是「控制約束」也可能是「關心參與」，這種不確定甚或對立的情感訊息，常常造成子女的負面情緒（Piko and Balázs 2012）。本書以臺灣青少年為對象的研究結果（第五章）也發現母親以同樣的方法管教兒子，一方面能有效抑制他的偏差行為，另一方面卻傷害他的自尊感，同時引起他對母親管教的負面感受。因此，評估「什麼是『好』的教養方式」，不能忽略角色結構的矛盾性。

從「依附」與「衝突」這兩個構成親子矛盾情感的要素來看，父母的支持行為可能有益於依附關係之提升，因為父母的支持行為不僅滿足子女的需求，還透露出關愛與接納，可以增強子女對於父母的情感依附；相對的，父母的要求行為雖然有其功能，對子女而言卻是行動干擾與權益剝奪，容易引起親子衝突（Fuligni 1998）。不過，父母要求的方式相當多元而可能觸犯子女自主性的程度也不同，不能一概而論，例如約束限制式的要求隱含著父母控制子女的意圖，對於尋求自主性的青少年而言是相當負面的感受，而溝通說理以及堅守規則等民主式的教養行為，在西方研究中被發現是各種父母要求行為中堪稱不具敵意且最有利青少年身心發展的作法（Aquilino and Supple 2001; Baumrind 1991）。不過，臺灣父母實施堅守規則的教養方法是否獲致正面的效應值得特別關注，因為我們針對青少年的偏差行為和自尊感的分析（第五章）發現父母堅守規則的管教方法並未如西方獲得正面的效果，反而

對於青少女的自尊感有負面的影響。

　　許詩淇與黃囇莉（2009）從角色義務的觀點，調查臺灣大學生的親子衝突事件，他們發現大多數的衝突起因於父母積極堅持履行教養的義務，包括糾正子女不適當的舉止或為了子女好而規定或約束限制他們的行為等，較少因為父母未盡角色義務而與他們起衝突，包括父母做了不該做的事（例如：對子女暴力相向），或是父母沒做應該做的事（例如：對子女的行為表現不聞不問）；換句話說，越是積極盡義務的父母越容易和子女起衝突。不過，華人文化相當強調盡義務的正面意義，即使這些教養行為容易引起親子衝突，但子女通常會正面詮釋父母行為背後的意義，對於親子關係的影響可能不似西方那麼較具有破壞性。值得注意的是，現代父母重視親子之間的親密關係，而子女不像過去那麼認同父母權威，反而期待「類平輩」的親子關係，這些轉變將影響親子雙方對於衝突的看法與反應。

　　依循傳統性別分工模式，父親和母親的主要角色不同，儘管越來越多的父親參與子女的事務而不再單純扮演「賺食者」，但子女眼中看到的仍是母親擔任主要的教養者和生活與情緒的照顧者，父親最常做的是陪孩子玩（Milkie et al. 1997）。這樣的互動模式到了子女進入追求獨立自主開始反抗權威的青少年階段時，子女和母親之間的衝突增加了，和父親之間則刻意保持距離（Steinberg 1990）。父母角色的轉變在華人社會似乎更為明顯，Shek（2000 & 2005）比較香港青少年對於父親和母親管教之認知與反應後指出傳統「父嚴母慈」的教養模式已經隨著父權逐漸式微而演變成「母嚴父慈」了，母親直接要求或管控子女而不必再藉由父親的權威，但也因為管得多而容易起衝突。本書的研究發現也指出父親的管教比較不會引起青少年子女的負面反應（第五章）。父親與母親的教養行為對於青少年子女的影響似乎是不同的。

　　從角色矛盾性的觀點分析父母角色所對應的教養行為如何影響親子

之間的關係，有助於我們從結構面了解父母教養的困境及父母常用的教養方式可能產生的情感反應。本章運用「臺灣青少年成長歷程研究」調查資料，根據角色矛盾性的觀點，比較父親與母親的教養行為對於親子關係之立即性與持續性的影響。

（一）樣本與研究資料

　　各個國家雖以生理、心理與社會發展特徵為基礎，將青少年階段劃分為初期、中期與晚期，但定義的標準卻因文化與社會制度不同而無一致的公式。國內學者考量教育體制的特色，通常以國中與高中階段的學生為青少年研究的主要對象。國中階段的學生經歷了青春期，開始展現異於童年階段的身心特徵與社會關係，而高中學生逐步完成中學教育，身心發展進入更成熟的階段，準備迎接成年階段的來臨，但近年來教育機會不斷擴充，絕大多數的臺灣青少年於高中畢業後都繼續升學，對於緊接而來的成人角色無法一次到位，所以高中階段具有青少年中期的特性。比較國中與高中階段的親子關係，可以了解初期至中期的變化，比單獨分析任一階段更能充分掌握青少年階段的發展特質。本研究的分析資料以國三和高三階段的學生問卷為主，只有性格和親子意見相左兩項的測量使用國一階段的資料，以避免因果倒置的問題。

　　國中階段之有效樣本為2,397人，其中僅68%的學生完成高中階段（青少年中期）的追蹤調查，經扣除未有效回答親子關係量表之學生後，有效樣本數為1,489。與國中階段的樣本相比，高中樣本流失率將近四成。由於流失的樣本往往具有某些相同的特質，而使得追蹤成功的樣本出現偏誤（selection bias），如果偏誤問題不處理的話，所獲得的研究結果可能是不正確的，本研究運用Heckman model建構樣本偏誤的修正因子（a correction factor for selection bias），並將之（Lambda）加入分析模型中，做為修正抽樣偏誤的控制變項（Winship and Mare 1992）。

（二）變項測量

根據研究目的而言，本研究包括親子關係的矛盾程度和教養行為兩類主要變項，並依父親與母親部分分別測量。以下說明主要變項之測量方法：

1. 親子關係的矛盾程度

由於矛盾糾結的親子關係源自父母角色的矛盾性結構，不同的教養行為和正面或負面的親子關係具有特定的對應關係，我們分兩步驟測量親子關係，首先分別測量子女對父親與母親的「依附程度」與「衝突程度」，然後再依上述社會心理學常用的數學公式[1]計算「矛盾情感程度」，計算得出的分數越高表示子女對於父親／母親的矛盾情結越強。

(1) 依附程度

一般而言，依附或衝突關係較常發生於權力不均等的關係中弱勢一方對強勢一方的反應（Mertz et al. 2007）。從親子互動的觀點，青少年階段的依附與衝突的重點在於子女對父母的情感與行為各方面的關注度與感受性（McCarthy and Casey 2008）。本研究依此觀點，運用以下四個指標測量青少年對父親與母親的依附程度：會問媽媽／爸爸對重要事情的看法、會注意聽媽媽／爸爸的看法或想法、會關心媽媽／爸爸、你會以媽媽／爸爸為榜樣。答項依序為幾乎沒有、不太常、一半一半、常常、幾乎總是（計分由1至5），分數越高表示依附／衝突程度越強。不論是對父親或母親的依附，這四項指標的內在一致性係數（Cronbach's alpha）均達.80以上（國三階段分別為.83和.81）。高中階段的題項相同但答項更改為五點量尺，為利於比較，我們將之轉換為七點量尺。統計結果（表6-1）顯示，國中階段青少年對母親的依附程度平均為4.55，到了高中階段降為4.35，兩階段的差異性達顯著水準（t

---

[1] (正面感受＋負面感受)÷2−│正面感受−負面感受│＋1.5

= -5.7, p = .000）；對父親的依附程度雖較母親低，但也呈現隨年齡增長而下降的趨勢。

表6-1　比較親子間的依附、衝突及矛盾程度

親子關係	國三階段	高三階段	t值（高三－國三）
子女與母親			
依附程度[a](1-7)	4.55(1.29)	4.35(1.19)	-5.71***
衝突程度[a](1-7)	3.05(1.35)	3.31(1.24)	6.74***
矛盾程度[a]	3.20(1.71)	3.69(1.58)	9.70***
子女與父親			
依附程度[b](1-7)	4.21(1.39)	4.00(1.29)	-5.74***
衝突程度[b](1-7)	2.81(1.36)	3.03(1.26)	5.57***
矛盾程度[b]	2.97(1.67)	3.44(1.55)	9.32***
t 值			
（依附程度[a] – 衝突程度[a]）	27.10***	21.31***	
（依附程度[b] – 衝突程度[b]）	25.38***	20.15***	
（依附程度[a] – 依附程度[b]）	14.62***	13.82***	
（衝突程度[a] – 衝突程度[b]）	9.85***	11.05***	
（矛盾程度[a] – 矛盾程度[b]）	8.09***	8.80***	

說明：(1) 矛盾程度[a] =(依附程度[a] + 衝突程度[a])÷2 － │依附程度[a] － 衝突程度[a]│ + 1.5
(2) 矛盾程度[b] =(依附程度[b] + 衝突程度[b])÷2 － │依附程度[b] － 衝突程度[b]│ + 1.5
(3) ***p < .001, **p < .01, *p < .05

(2) 衝突程度

我們用相同的概念和方法測量青少年對父母的衝突程度，測量指標為「對媽媽／爸爸態度不好」、「很生氣地對媽媽／爸爸大小聲」、「因為媽媽／爸爸不同意你的看法而跟他爭執」。不論是對父親或母親的衝突程度，這四項指標的內在一致性係數（Cronbach's alpha）均

達.80以上（國三階段均爲.81）。統計結果（表6-1）顯示，國中階段
青少年對母親的衝突程度平均爲3.05，到了高中階段提升爲3.31，兩階
段的差異性達顯著水準；對父親的衝突程度雖較母親低，但也呈現隨年
齡增長而上升的現象。

(3) 矛盾程度

　　根據上述社會心理學公式計算的結果，本調查之矛盾情結程度介於
0.5至8.5之間。根據統計結果，青少年對母親的矛盾情結由國中階段的
3.20提升至高中階段的3.69，對父親的矛盾情結也同樣呈現上升的現象
（參見表6-1）。

2. 教養行爲

　　本研究依循教養方式（parenting style）的概念，分別從「父母支
持」與「父母要求」兩個面向測量教養行爲。前者指的是父母以溫暖的
方式表達對於子女需求的理解與支持，典型的方式包括褒獎讚美、擁抱
或陪伴等；後者是管教行爲，指父母訓練子女促其達成目標或保護子女
免其受到傷害的行爲，監督（monitoring）、處罰、限制權益或說理溝
通都是常見的方式（Aquilino and Supple 2001）。本書根據臺灣家庭
文化特性，將父母常見的管教行爲區分爲民主式管教（監視、溝通和堅
守規則），和傳統式管教（嚴厲處罰和約束限制），並針對青少年發展
特質比較分析各項管教方法的影響力（第四、五章）。本章沿用以上分
類架構和測量方式。

　　由於本研究的依變項爲親子關係，考量「監視」的概念與慣用的
測量方法都著重於父母知曉子女去處與交友狀況的程度，有些學者認
爲這樣的意涵十分接近親子關係，反而不是父母行爲（Stattin and Kerr
2000），因此刪除本項管教行爲。此外，前面分析（第五章）發現臺
灣父母採行「嚴厲教養」的頻率相當低（平均數落在「幾乎沒有」左
右），所以本項管教行爲也一併刪除。本研究的教養行爲共包括支持、

溝通、堅守規則和約束限制等四項。支持的測量題目為「當你真的需要
爸爸／媽媽時，他／她就在你身邊」、「爸爸／媽媽了解你的想法」
和「爸爸／媽媽常常關心你的情緒或你的問題」，答項依序為從未、
偶爾、有時和常常，分數越高表示父母越常對子女表現支持行為。平均
而言，母親和父親表現支持行為的頻率介於偶爾至有時，平均數分別為
2.83和2.52（參見表6-2）。三項管教行為的測量方法與第五章一致，
請參照。

表6-2　比較母親與父親的教養行為

教養行為	母親	父親	t值（母親—父親）
支持（1-4）	2.83（.82）	2.52（.83）	20.242[***]
溝通（1-5）	3.23（1.16）	3.07（1.18）	10.519[***]
堅守規則（1-5）	3.66（1.03）	2.45（1.07）	28.394[***]
約束限制（0-5）	2.08（1.72）	1.73（1.70）	12.890[***]

說明：[***]$p < .001$, [**]$p < .01$, [*]$p < .05$

3. 控制變項

　　過去研究發現矛盾情感的產生和個人的資源與權力有關，在親密
關係中，一個人擁有的資源越多越有籌碼與人協商成功，矛盾情感自然
較不強烈（Connidis and McMullin 2002），此外，性格也是重要的影
響因素（Priester and Petty 2001）。因此，本研究的控制變項包括子女
性別、居住地區之城鄉別、父親教育程度、家庭經濟狀況、家庭結構
與自主性傾向。性別與居住地區均為虛擬變項（男性 = 1，臺北縣市 =
1）；父親教育程度由小學至研究所，分為六等級；由於家庭收入與父
親教育程度之間具有相關性，本研究以「你家的經濟狀況對於你未來的
發展會不會有幫助？」測量青少年對於家庭經濟狀況的主觀感受（1 =
有幫助，0 = 沒有幫助）；家庭結構包括雙親家庭與三代同堂，均為虛

擬變項；自主性傾向是指青少年的性格傾向，測量題目包括「我喜歡自
己決定我要做的事、我喜歡我能愛去那兒就去那兒、我喜歡依我自己的
方式做事，而不管別人怎麼想」，答項由非常不符合（計分為1）至非
常符合（計分為4）。從互動的觀點，親子關係也會受到家庭子系統和
親密關係影響，因此本研究也控制手足人數、父母間的衝突程度以及親
子之間意見相左的程度。

（三）分析策略

　　為了釐清教養方法對於親子關係的影響，我們運用TYP於國中與高
中兩階段蒐集的追蹤調查資料，先運用獨立樣本t檢定考驗國中和高中
階段的親子關係（依附程度、衝突程度和矛盾程度）是否不同，並比
較父親和母親之間的差異性。再以結構方程式模型分析法（structural
equation modeling）檢視教養方法對於國中階段和高中階段青少年對於
父親和母親依附與衝突程度的影響。

（四）研究發現
1. 親子關係的變化

　　以上資料分析結果顯示，臺灣青少年的親子關係有隨著年齡成長
而變化的趨勢，子女與母親或父親之間的關係也具有差異性（詳見表
6-1）。以依附和衝突兩個面向而言，臺灣青少年階段的親子關係整體
呈現依附大於衝突的狀態，無論國中或高中階段，青少年和母親或父親
之間的關係都是如此。不過，隨著國中進入高中的階段發展，依附程度
有減弱而衝突程度有增強的趨勢，情感的矛盾程度也有增強趨勢。若依
父母角色比較，我們發現青少年無論是國中或高中階段依附母親的程度
或和母親之間的衝突都高過於父親，和母親之間的情感矛盾程度也高於
父親。這些研究結果一方面顯示青少年階段的親子關係正由兒童時期的

緊密和諧趨向疏遠衝突，而情感的矛盾程度也隨之升高，另一方面子女和母親之間的關係較為緊密與緊張，這可能和母親擔任主要的教養者或母親慣常使用的教養方式有關。在教養行為方面，調查結果（表6-2）顯示臺灣家庭中母親無論在「支持」、「溝通」、「堅守規則」以及「約束限制」各種教養行為的投入程度都較父親高，扮演「既慈且嚴」的主要教養者。

2. 母親教養行為對於親子關係的影響

　　簡單相關分析的結果（表6-3）顯示，青少年對母親的矛盾情結和母親採取「約束限制」、「支持」和「溝通」等教養行為相關；「約束限制」越多矛盾情結越深，「支持」和「溝通」的頻率則和矛盾情結呈負相關，堅守規則與矛盾情結並無顯著相關。值得特別注意的是，母親

表6-3　矛盾情感與教養行為之簡單相關分析

	1.	2.	3.	4.	5.
子女與母親					
1. 矛盾程度（國三）	-				
2. 矛盾程度（高三）	.33***	-			
3. 支持	-.11***	-.01	-		
4. 溝通	-.11***	-.02	.52***	-	
5. 堅守規則	.02	.03	.10***	.17***	-
6. 約束限制	.10***	.07***	.09***	.08***	.14***
子女與父親					
1. 矛盾程度（國三）	-				
2. 矛盾程度（高三）	.30***	-			
3. 支持	-.07**	-.02	-		
4. 溝通	-.08***	.03	.51**	-	
5. 堅守規則	-.001	-.03	-.12***	-.17***	-
6. 約束限制	.08***	.04	.08***	.06***	-.16***

說明：***p<.001, **p<.01, *p<.05

的「約束限制」式教養對於矛盾情感的影響持續至高中階段，其負面影響可能較其他教養方法來得持久。

　　本研究運用結構方程式模型分析教養行為對於親子關係兩個面向的影響，分析結果（圖6-1與表6-4）顯示母親採取支持與溝通的教養方法可以提升子女對於母親的依附程度，約束限制的教養方法則帶來衝突；母親的支持行為不僅立即且長期的提升子女對母親的依附程度，還有助於降低衝突程度，是增進親子正面關係的教養方法，堅守規則對於依附或衝突則無顯著影響。母親模型也顯示無論依附或衝突面向的親子關係都有階段延續的現象，而且依附與衝突均呈現負面的相關性。

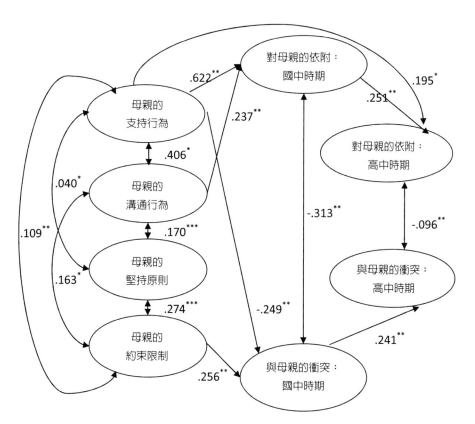

圖6-1　母親教養行為對於親子關係之影響

表6-4　母親教養行為的效果分析

影響因素	國中階段				高中階段			
	親子依附		親子衝突		親子依附		親子衝突	
	estimates	t	estimates	t	estimates	t	estimates	t
母親的教養行為								
支持								
直接效果	.622***	6.270	-.249***	-2.739	.195**	2.965	-.035	-.569
間接效果	-		-		.156		-.060	
總效果	.622***		-.249**		.351**		-.095	
溝通								
直接效果	.237***	4.257	-.064	-1.238	.016	.0448	.027	.807
間接效果	-		-		.059		-	
總效果	.237***		-.064		.075		.027	
堅守規則								
直接效果	.001	.012	-.073	-.985	.040	.797	.022	.447
間接效果	-		-		-			
總效果	.001		-.073		.040		.022	
約束限制								
直接效果	.062	.864	.256***	3.747	.045	.872	.061	1.322
間接效果	-				.062		.062	
總效果	.062		.256***		.107		.123	
國中階段親子依附	-		-		.251***	10.601	-.040	-1.931
國中階段親子衝突	-		-		-.039	-1.551	.241***	9.883
控制變項								
性別	-0.290**	-3.225	-0.074	-0.878	-0.222***	-3.711	-0.120*	-2.162
城鄉別	-0.241	-0.463	0.641	1.313	0.293	0.853	0.019	0.059
自主性	0.007	0.092	0.031	0.425	0.039	0.775	0.087	1.833
男女朋友（1:有）	-0.250*	-2.515	0.307**	3.283	0.161*	2.447	-0.007	-0.109
母親教育程度	-0.055*	-2.023	-0.003	-0.112	0.005	0.296	-0.003	-0.182
雙親家庭	-0.071	-0.328	-0.207	-1.022	-0.016	-0.112	0.169	1.276
手足人數	0.011	0.257	-0.095*	-2.306	-0.018	-0.623	-0.051	-1.909
三代同堂	0.120	1.510	-0.163*	-2.173	0.026	0.492	0.011	0.235
家庭經濟狀況	0.315	1.198	0.221	0.897	0.245	1.415	-0.041	-0.257
父母衝突	-0.119*	-2.534	0.120**	2.713	-0.009	-0.299	0.073*	2.515
親子意見相左	-0.100*	-2.442	0.209***	5.385	0.007	0.250	0.018	0.713
LAMBDA	-3.123	-0.288	13.061	1.285	6.118	0.857	-0.506	-0.076

說明：***p < .001, **p < .01, *p < .05

3. 父親教養行為對於親子關係的影響

　　和母親的分析結果相似，青少年對父親的矛盾情結和父親採取
「約束限制」、「支持」和「溝通」等教養行為相關；「約束限制」
越多矛盾情結越深，「支持」和「溝通」的頻率則和矛盾情結呈負相
關，但是父親教養行為和矛盾情結的相關性並未從國中階段延續至高中
階段。父親教養模型的分析結果（圖6-2與表6-5）顯示父親支持、溝通
和堅守規則對於矛盾情結的影響和母親模型一致，約束限制部分則不相

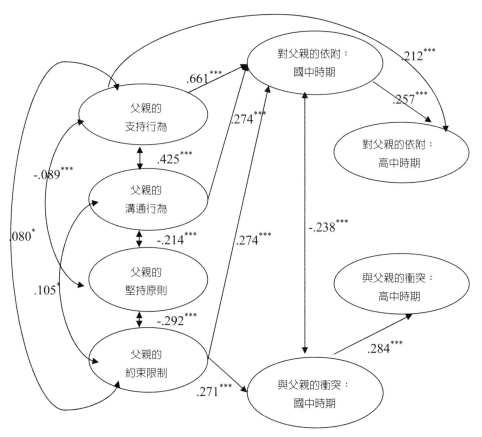

圖6-2　父親教養行為對於親子關係之影響

表6-5　父親教養行為的效果分析

影響因素	國中階段				高中階段			
	親子依附		親子衝突		親子依附		親子衝突	
	estimates	t	estimates	t	estimates	t	estimates	t
父親的教養行為								
支持								
直接效果	0.661***	6.735	-.120	-1.443	.212***	3.415	-.034	-.598
間接效果	-		-		.170			
總效果	0.661***		-.120		.382***		-.034	
溝通								
直接效果	0.274***	4.714	-.065	-1.291	.024	.665	.052	1.547
間接效果	-		-		.070			
總效果	0.274***		-.065		.094		.052	
堅守規則								
直接效果	0.000	0.000	.079	1.323	-.038	-.909	.007	.190
間接效果	-							
總效果	0.000		.079		-.038		.007	
約束限制								
直接效果	0.274***	3.498	.271***	3.940	.091	1.705	-.040	-.797
間接效果	-		-		.070		.080	
總效果	0.274***		.271***		.161		.040	
國中階段親子依附	-		-		.257***	10.308	.007	.298
國中階段親子衝突	-		-		-.053	-1.945	.283***	10.642
控制變項								
性別	-0.157	-1.948	0.016	0.220	-0.100*	-1.977	-0.061	-1.297
城鄉別	-0.076	-0.446	-0.037	-0.249	-0.080	-0.745	0.158	1.588
自主性	0.010	0.145	0.130*	2.232	0.006	0.148	0.070	1.826
男女朋友	-0.297**	-2.609	0.293**	2.931	0.080	1.125	0.047	0.716
母親教育程度	-0.045	-1.680	-0.027	-1.133	-0.040*	-2.372	0.023	1.504
雙親家庭	0.179	0.820	-0.001	-0.008	0.313*	2.306	-0.063	-0.499
手足人數	0.121*	2.444	-0.124**	-2.872	-0.039	-1.270	-0.047	-1.618
三代同堂	0.109	1.211	-0.117	-1.489	-0.083	-1.479	-0.015	-0.294
家庭經濟狀況	0.40***	4.962	0.078	1.094	0.158**	3.080	-0.050	-1.065
父母衝突	-0.129*	-2.365	0.212***	4.412	-0.053	-1.534	0.081*	2.535
親子意見相左	-0.072	-1.584	0.219***	5.468	0.031	1.103	0.010	0.376
LAMBDA	1.246	0.675	-0.355	-0.220	-0.620	-0.539	0.979	0.917

說明：***p < .001, **p < .01, *p < .05

同。父親的約束限制行爲一方面帶來親子之間的衝突，另一方面卻提升子女對於父親的依附程度，對於親子關係的影響相當矛盾。此外，子女與父親的依附程度與衝突程度在國中階段是相互影響的，但是到了高中階段卻出現獨立而非交互影響的關係。顯然地，父親與母親的教養行爲對於親子關係的影響確實有相異之處。

五、結論

　　從親子關係的矛盾性來看，父母教養猶如一刀兩刃，最佳的教養方式並非對親方、子方以及親子關係都是有利的，如何選擇有效又不危害親子關係的管教方法是爲人父母的難題。本章運用實證資料的分析結果顯示，父母角色義務所對應的教養行爲各有不同的影響面向，支持與溝通行爲有利於依附關係之增進，而約束限制行爲容易提高親子衝突，兩者的影響都不僅立即而且持續。現代家庭重視情感性的互動，父母越來越努力扮演支持與回應的角色，約束限制與要求的角色則因爲容易產生負面的情感累積，可能越來越被壓抑。面對教養的矛盾與壓力，許多父母寧願花錢把子女送去家庭以外的機構「學習」（補習），由他人代爲訓練調教。這種作法與William Goode（1960）提出的「代理人角色」（delegation），頗爲相似。臺灣到處林立的安親班與補習班扮演的角色不僅是教育補救的功能，可能也是疏解父母角色壓力與角色衝突的重要機制。父母角色的變化以及教養市場化的趨勢都是值得我們密切觀察的現象。

　　值得特別注意的是，儘管現代父母角色分工的界線日趨模糊，母親仍是子女的主要照顧與管教者，和子女的關係比較緊密（依附較高）也比較緊張（衝突較高），而子女對於父親與母親管教的反應也不太一致。以容易引起青少年子女負面反應的「約束限制」來說，本書第五章

發現母親採用約束限制的管教方法，對於青少年子女的偏差行爲和自尊感，容易產生正負交雜的效應；相對的，父親的約束限制雖無正面效果卻也沒有負面效應。本章則發現母親的約束限制會增強親子衝突，但父親的約束限制雖然引起較多的衝突，卻也提高了子女對父親的依附程度。這可能和子女如何歸因父母的教養行爲有關，而如何歸因又與父母的角色期待有關。

相異於「親而膩」的母子情，父親與子女保持一種「似親不親」的距離，反而強化了教養的權威，形成一種「遠而敬」的父子情（李美枝1998）。由於這種特殊的情感內涵，子女容易將父親的教養行爲，無論支持或約束限制，都視爲對子女的重視、用心與關心，進而產生正面的影響。這項發現和Piko and Balazs（2012）在匈牙利的青少年研究結果十分一致，不過他們更進一步發現父親的回應（支持）或要求並不影響青少年兒子的憂鬱症狀，但是對於女兒而言，父親無論回應或要求都可以減低她們的憂鬱症狀。綜合上述研究發現，我們可以肯定父親參與青少年教養的重要性與獨特性，未來除了掌握「嚴父慈母」到「慈父嚴母」的社會變遷趨勢外，更應釐清性別因素在角色分工模式變遷過程中的作用。

從教養方式而言，「雙管齊下」是高支持且高要求的密集式教養（參閱第三章），父母積極參與子女的生活，親子雙方在難以分離的「一個世界」中容易發展出緊密又緊張的關係。這種高功能卻矛盾的教養方式最常見於中產階級家庭。相對於「雙管齊下」帶來緊密又緊張的親子關係，「放手不管」的教養方式通常由子女自己決定生活方式而不受父母監督，青少年子女較少因爲獨立自主的需求受到壓抑而反抗父母，親子之間維持著相當獨立的關係。這種所謂「不稱職父母」最常見於勞工階級，雖不利於青少年的學業與社會適應，卻較無角色衝突引發的矛盾情感。「扮黑臉」的父母傾向於權威式管控青少年階段的子女，

不僅不利於青少年發展也容易引起親子衝突，但這種教養方式卻是臺灣家庭不分階層最常見的教養方式，值得社會正視。從子女的發展與親子關係而言，「扮白臉」可能是最佳的教養方式。不過，支持或「費心安排」需要充足的時間與經濟資源，並非所有家庭可以負擔的。

第七章　臺灣青少年教養的
　　　　特色、矛盾與挑戰

教養既是個人層次的問題也是集體層次的問題。家有青少年的父母，和其他父母比較起來，面臨的挑戰是特別嚴峻的，因爲教養的挑戰不僅來自於父母角色的內在矛盾，還有「中年遇上青少年」的個人危機以及「東方遇上西方」的文化衝突，這些來自個人與集體層次的負面與不穩定因素常讓父母陷入「管也不是，不管也不是」的處境。本書從社會建構的觀點探討教養邏輯的變遷，也從個人與家庭層次，運用量化實證資料，檢視臺灣父母教養青少年的方式、效應以及遭遇的問題。本章整合歸納前述各章節的論述觀點與實證資料分析結果，進一步針對臺灣家庭的親子關係與教養方式的特色、矛盾與挑戰，提出說明與討論。

一、臺灣青少年教養的特色

（一）中學爲體西學爲用的教養邏輯

　　華裔家庭的教養方式向來被北美主流社會認爲是嚴厲的與高控的，但是華裔子女的學業成就領先群倫卻也是大家有目共睹的事實，這過去一直被誤解爲「不合理」的因（教養方式）果（子女的學業成就）關係，其實是忽視文化差異所造成的。相對於西方文化強調個人獨立能力的必要性，華人社會更重視家庭成員之間相互依賴的重要性，所以華人父母教養子女傾向於考量家庭整體福祉，不像西方那麼「以子女爲中心」，而華人子女對於父母教養行爲的理解也不同於西方邏輯，比較傾向於正面詮釋父母行爲的意圖。爲了比較並釐清東西方教養邏輯之異同，本書以華人教養文化的核心概念「管」爲根基，提出對應於西方「民主權威」式的雙面向教養行爲──費心安排（支持）與約束限制（要求），並運用潛在類型分析法，針對臺灣家庭的教養方式加以分類。分析結果顯示「放手不管」、「扮白臉」、「扮黑臉」與「雙管齊下」等四種教養類型中，「扮黑臉」（約束限制多，費心安排少）是最

常見的教養方式，「扮白臉」則是最少見的。換句話說，臺灣父母在子女社會化的過程中，雖然有一套不同於西方的支持與回應方式，但主要仍以要求和控制為手段。這和西方研究者認定華裔家庭傾向於權威式教養的觀點是相當一致的。

　　從西方的教養邏輯而言，「扮黑臉」為主的教養方式會妨礙青少年子女的情緒發展、社會適應以及學業成就，是「不良」的教養方式。但對於臺灣青少年而言，「扮黑臉」的負面影響並未顯著的大於其他的教養方式，稱不上是「不良」的教養方式（參見第六章）。反過來說，即使「扮黑臉」輔以白臉策略而成為「雙管齊下」，其正面影響也未顯著大於其他的教養方式。由此觀之，Diana Baumrind等西方學者強調的「支持」與「要求」等教養方法同時實施所產生的協同效應，似乎沒有在華人「管」的邏輯脈絡下顯現出來。不過，這些分析發現係從「管」的概念出發所獲致的結果，如果依循西方「民主權威」的概念以及測量方法，也許可能獲得不同的發現，值得後續研究加以比較探討。

　　教養階層化的現象一直是社會學家關心的議題，臺灣家庭以「管」的概念區分出的教養方式雖然沒有效果上的差異性，但是階層之間採行的比例仍呈現和西方一致的差異性。「雙管齊下」（相當於「民主權威型」）較盛行於中產階級，而勞工家庭採「放手不管」（相當於「忽視冷漠型」）的比例高於中產階級。從「管」的邏輯而言，中產階級的父母比較重視自主能力的培養，並積極參與子女的生活，子女因而在學業方面受惠；勞工階級的父母相對比較重視服從守本分的能力，較少參與子女的生活，這些階層差異性和西方十分相似。值得注意的是，本書亦發現教養階層化的問題，在中學階段並非一面倒的僅對勞工階級不利，中產階級父母如果傾向保守、重視服從守本分的教養理念的話，對子女學業成就的負面影響，相對的大於勞工階級；而勞工階級父母如果學習中產階級積極參與學校活動的話，則其效益遠大於中產階級父

母。面對急遽的社會變遷，中產階級父母必須學習如何掙脫舊文化的束縛以克服所謂「親職的文化矛盾」，才能眞正擁有教養上的階級優勢，而勞工階級父母必須設法「迎頭趕上」學校參與的列車，才能突破階級的限制而順利達成教養的目標。

　　包括本書在內的實證研究均顯示，近二十年來臺灣家庭的教養行爲相當西化，父母除了依前述傳統方式管教子女外，也採用許多西方民主式管教方法，形成東西匯流的教養方式，這不僅考驗父母的能力與智慧，更重新定義了「好」的教養方式。

（二）半套式民主教養方式

　　「何謂好的教養方式」往往是文化定義的，而且深深影響個人的認知。在生命過程中，每個人都有被教養的經驗，但經驗中的好與壞並不全然是個人主觀的判斷，即使身爲父母也不見得能夠成功的複製或避免自己被教養的經驗，因爲教養是社會集體建構出來，多元且複雜又具強大約制力的社會文化。臺灣家庭受到西方「民主化」和「密集母職」等意識形態的影響，親子關係朝著「類平輩」和「以子女爲中心」的方向快速發展，父母教養青少年子女也偏向西方盛行的民主方式，那些立基於父母權威的傳統方式仍被奉行卻陷入失靈的窘境。大部分的研究結果顯示，所謂「好」的教養方式，似乎指向西方那端而非傳統這端。

　　「好」的教養方式既是文化決定的，也是集體建構的。從個人與家庭層次來判斷，什麼是「好」的教養方式呢？本書根據西方「民主權威」與華人「管」的教養邏輯，並考慮青少年階段的親子關係特質，分別從「支持」與「控制」兩個層面同時列舉並比較多項臺灣家庭常見的教養方法，包括「費心安排」、「約束限制」（第三、四章）、「監視」、「溝通」、「堅守規則」、「嚴厲處罰」（第五、六章）與「支持」（第六章），其中的「監視」、「溝通」、「堅守規則」與「支

持」比較屬於西方民主式教養方法，其餘「費心安排」、「約束限制」與「嚴厲處罰」則是華人傳統的教養方法。

什麼是好的教養方式呢？從整體的效應來看，「支持」與「溝通」應是最佳的教養方法，既能發揮教養的功能又能增進親子的緊密關係，那些傳統常見的「嚴厲處罰」或「約束限制」（或權益剝奪）等教養方法對成長於社會變遷急遽的臺灣青少年而言似乎未能發揮預期的功能，甚至出現矛盾對立的效果。

這些現象顯現臺灣家庭的親子關係與教養行為已經傾向民主化的模式，父母權威與社會規範不再是父母管教子女的主要憑恃了，情感支持和溝通協商才是重視親密關係的現代社會主要的互動方式。對於自己被教養的經驗大多是傳統威權甚過民主方式的中年父母而言，傳統的教養方式雖有缺失和不適合新世代之處卻也很難否定它的價值與功能，如何評估與學習「新」的教養方法並克服親職文化的矛盾是艱鉅的挑戰也是無法迴避的課題。

民主教養有其完整的理念與實踐邏輯，為培養孩子內化與內控能力，父母除了以溝通協商取代命令規定，引導子女理解社會規範的意義使其願意遵守外，更重要的是規則實踐的堅持，亦即父母一旦設定要求的規則就必須堅持實施並貫徹到底，如此才能達到教養的目標。但是臺灣家庭在教養民主化的過程中，似乎只達成「支持」與「溝通」的效果，未能發揮「堅守規則」並徹底執行的功能；父母「堅守規則」的程度雖高卻效果不彰，甚至有害（參見第五章）。換句話說，在教養民主化的過程，臺灣青少年傾向「吃軟（溫和）不吃硬（嚴格）」，傳統「嚴教觀」的理念與方法雖仍支配著父母的教養行為，卻呈現空轉失靈的窘狀。所謂好的教養方式，嚴格說起來，是重溝通輕規則的半套式民主方法。

教養作為重要的社會化手段，現代父母面對孩子「吃軟不吃硬」的

結果，又擔心衝突破壞親子關係，會不會淪爲溺愛放任而無法發揮父母角色功能呢？從子女對於父母管教的情感反應來看，這個問題是值得關切的。本書分析「支持」、「溝通」、「堅守規則」與「約束限制」等四種教養方法如何影響親子關係（第六章），結果顯示「支持」與「溝通」方式有助於提升青少年子女對於父母的情感依附，「約束限制」卻與矛盾情感有高度的相關而且容易提高衝突程度，「堅持原則」對於親子關係並無顯著的影響。對於重視子女情感反應的現代父母而言，教養方式朝向「吃軟（溫和）不吃硬（嚴格）」的方向發展看來是可預期的。當然，傳統教養方式的適宜性並非無可挑剔，只是社會變遷的速度快得令人措手不及，大家只能在東西交匯的文化洪流下，聽從「專家」的意見，摸著石頭過河。以支持和溝通爲主的民主教養方式究竟是不是最「好」的教養方式，有待更長時間的考驗，才能得到答案。

二、臺灣青少年教養的矛盾與挑戰

由上所述，在中國傳統與現代教養兩個價值體系的影響與衝擊下，臺灣父母的教養方式出現一種中學爲體西學爲用的「半套式民主教養方式」。體是理念，用是實踐，體與用之間分離的矛盾現象，是過去以臺灣母親爲訪談對象的質性研究一再發現的問題（例如：林惠雅 1999；劉慈惠 1999 & 2001），更是臺灣家庭普遍存在的教養困境。事實上，父母教養青少年除了文化失調的問題外，青少年階段的發展特質更扮演一個關鍵的角色，它凸顯了父母角色的內在矛盾性，也因此加深了教養的困難度。這些矛盾與困境分別存在於以下三個層面：

（一）「中學爲體，西學爲用」的矛盾性

臺灣家庭的教養方式雖然已明顯地朝向西方民主方式發展，但是大部分的父母仍然秉持傳統的教養理念，就像在親子溝通的同時卻抱持

著服從長輩與權威的信念，這種想法與作法不一致的矛盾令子女無所適從，不僅達不到教養的效果，父母本身也備感壓力與挫折，而問題的主要癥結在於親職理念的文化矛盾。

　　具體而言，臺灣的父母一方面認同西方民主式強調「自主有創意」的理念，相信這套「以子女爲中心」的理念與作法對於子女的個人發展是比較有利的，但另一方面又無法捨棄傳統「以群體爲中心」的思維，認爲「服從守本分」的美德仍是非常重要的，更擔心不按傳統模式培養的孩子無法得到主流社會的認同，於是陷入想要培養孩子自己做決定的能力，卻又希望孩子聽從長輩或權威者的矛盾中。這和藍佩嘉（2014）提出的「親職的文化矛盾」有類似之處，都因認同新的理念又擔心悖離傳統或主流模式會對孩子不利，因而行爲舉棋不定或內心忐忑不安。

　　事實上，矛盾的教養理念或行爲不利於青少年子女的發展與表現（第四章），尤其那些採取民主教養方法但內心卻仍推崇傳統威權的父母，最容易出現「假民主」的問題，反而達不到教養目標或衍生出「緊密又緊張」的親子關係。教養是一套包含理念與實踐的邏輯，理念和方法之間有其一致性與連貫性，一旦脫節，就可能陷入矛盾而難以運作的窘境。近十五年來，臺灣進行一系列的教育改革，無論課程設計或內容都呈現與過去不同甚至斷裂的樣貌（汪宏倫 2006），升學制度也不斷改變，這些革新與改變引領整個社會的教育與教養方式快速脫離傳統模式，也因而使得理念跟不上行爲的失調現象更爲嚴重。

（二）父母角色的內在矛盾性

　　從社會化的觀點，父母教養子女是一個社會控制的過程，不論以父母權威或以情感關係爲基礎，父母總是比青少年子女擁有更多的資源與能力來要求子女並馴化他們，即使不訴諸於權威而以「愛」爲名或追求

「深知」，都難脫「控制」的目的。因此，親子之間很難發展出真正的親密關係，雙方的互動也無法達到完全的平等與民主，反而因為父母角色的內在矛盾性，而容易產生子女對父母的矛盾情結。我們可以從父母的教養行為觀察到這些矛盾現象。以臺灣家庭常見的管教方法「約束限制」為例，父親約束子女玩樂或限制他們看電視或上網等行為，一方面升高了親子間的衝突，另一方面卻強化了子女對父親的情感依附（參見第六章），這種矛盾的情感反應顯示父母的管教行為同時傳達了敵意與關心兩種對立的訊息。

　　身為教養者，父母角色本質上就是一種「嚴」（要求）與「慈」（回應）的矛盾組合。傳統社會善於運用矛盾組合（例如：嚴父慈母的分工模式或是黑臉和白臉策略的交叉運用）來強化控制的效果，即使矛盾情感使人不安，仍然不認為有改變的必要；現代社會重視情感品質，如何改變教養方式或「隱藏」控制的形式，以克服角色矛盾帶來的負面感受，開始成為大家關心的問題。

　　臺灣父母逐漸附和子女「吃軟不吃硬」的傾向而放棄傳統的教養方式，一方面是受到西方文化的影響，另一方面可能是為了規避矛盾情感而不得不的選擇。呼應子女「吃軟不吃硬」的父母們，從本書的研究發現（第六章）看來，其親子衝突以及子女對他們的矛盾情感確實都較低，但親子之間能否建立真正的親密關係還有待進一步的研究加以確認。以英國中產階級家庭為主的研究並不贊同Anthony Giddens有關親子關係正邁向純粹的朋友關係的說法，他們發現這群民主式父母的重要特徵是願意放下權威，低下身來和子女溝通與協商，但為了孩子「好」，必要的時候，仍然施展控制的手段，而當子女發現「假民主」的真相後，多半不會對父母做到和對朋友一樣的自我揭露，所以身為控制者的父母只可能成為子女的支持者，但不可能是他們的夥伴或知己；另外有一些父母為了做子女的朋友，放棄了過多的自主性，反過來被子

女控制，成爲沒有效能的父母（Jamieson 1998）。

　　溝通協商是親密關係中決定分工模式以及如何實踐角色期待的方式，青少年階段的親子關係並不平等，頂多只是「類平等」，父母關愛與照顧子女的方式或許可以協商達成，但管教呢？缺乏平等關係的親子雙方，無法深切交談，分享感情，進而深知與相互了解，如何協商出雙方都認爲「合適」的管教方法？許多的研究顯示，溝通協商的結果常常淪爲父母單方面的說理與勸服，而且這類現象在中產階級家庭特別常見，勞工父母從來就較少參與子女的世界，對於親子間的親密關係並沒有那麼高的期待，反而能免於親密關係所帶來的矛盾與困頓（Brannen et al. 1994）。如此看來，內在矛盾的角色結構有利於父母發揮教養的功能，卻可能妨礙親密關係的發展。對於現代父母尤其是期待親子之間親密互動的中產階級父母而言，這眞是一個兩難的教養困境。

（三）青少年階段自主與依賴的矛盾性

　　角色的內在矛盾性特別容易發生在角色轉換階段。當青少年從完全依賴父母的兒童時期進入獨立自主的成人階段時，父母也正面對「中年危機」的挑戰，雙方都處於身心不穩定與角色轉換的階段，此時發生親子衝突的頻率比任何階段都高。從國中與高中兩個階段的比較結果可以發現，親子關係慢慢由早期的高依附與低衝突轉向依附降低而衝突升高的趨勢發展，情感矛盾的程度也隨之上升（第六章）。矛盾程度提高根源於青少年對父母的離合焦慮，而不適當的教養方式是觸媒和擴大器，不僅提高親子衝突且對青少年身心發展不利。根據本書的研究發現，不適當的教養方式是指約束限制和嚴厲處罰，而這些方式在臺灣教養西方化的過程中，仍爲父母普遍採用（第五章）。

　　青少年子女一方面依賴父母，一方面又想要脫離父母的「干預」，以達成獨立自主的目標，而父母擔心青少年因提早嘗試大人的活

動而犯錯，不僅未能放手，反而看得更緊也管得更嚴，加上青少年時期正是升學階段，父母除了費心安排更好的讀書環境與備戰支援外，也更格外限制各種升學以外的活動。這些在青少年眼中屬於妨礙自主的限制性的教養行為其實無益於學業成就（第四章），反而增加親子衝突（第五章），但在升學主義掛帥的臺灣，卻是父母常用來督促子女用功讀書的方法。隨著青少年成長，父母教養行為產生的負面影響雖有逐漸減弱的趨勢，這個階段的親子關係的品質卻具有不可忽視的重要性，因為它不僅具有延續性（第六章），此時的親子衝突程度更可以用來預測成年階段的親子關係（Aquilino 1997）。

　　面對青少年階段的自主能力與偏差行為等問題，父母到底應該放手或者積極管教才對孩子有利？學界與實務界已有甚多辯論並提出相當具體的建議，但是對於臺灣社會普遍關心的升學問題卻少有著墨，往後的研究宜就升學壓力如何扭曲父母的教養行為進而影響青少年發展自主能力，進行深入且有系統的研究。

附　錄

主要變項與測量題目

（以學生問卷爲主）

1. 父／母教養理念

(1) 服從守本分

在教養孩子方面，下列做人做事的原則，您認爲重不重要？

保持衣服乾淨

服從父母和老師

保持東西整齊

作一個好學生

不要出風頭

生活節儉

答項：(1)不重要　(2)有一點重要　(3)相當重要　(4)非常重要

(2) 自主有創意

在教養孩子方面，下列做人做事的原則，您認爲重不重要？

對許多事情有好奇心

對自己份內的工作負責

有能力照顧自己

有想像力

喜歡探索事情發生的原因

答項：(1)不重要　(2)有一點重要　(3)相當重要　(4)非常重要

2. 父／母教養行爲

(1) 支持

下列事情是你媽媽／爸爸常常對你做的嗎？

當你眞的需要爸爸／媽媽時，他／她就在你身邊

爸爸／媽媽了解你的想法

爸爸／媽媽常常關心你的情緒或你的問題

答項：(1)從未　(2)偶爾　(3)有時　(4)常常

(2) 費心安排

你升上國三後，父母有沒有因為你要升學而改變家裡的一些安排？

提供你較好的讀書空間

為你進補（藥補或食補）

要求其他家人多讓你一些

他自己增加陪伴你的時間

他自己減少看電視時間

他自己減少社交休閒活動

答項：(1)有　(2)沒有

(3) 約束限制

你升上國三後，父母有沒有因為你要升學而改變家裡的一些安排？

特別注意你和朋友的往來

限制擬出遊或玩樂的時間

限制你使用電話或上網

限制你看電視的時間

規定你的生活作息

答項：(1)有　(2)沒有

(4) 監視

依照實際情形，下列事情發生的頻率如何？

爸爸／媽媽知道你每天的行蹤

爸爸／媽媽知道你出門是跟誰在一起

爸爸／媽媽知道你回家了或已經上床睡覺

答項：(1)沒有　(2)幾乎沒有　(3)有一半時間　(4)幾乎總是
　　　(5)總是

(5) 溝通

依照實際情形，下列事情發生的頻率如何？

有關家裡的事情，在做決定之前，爸爸／媽媽會告訴你他／她的想法

爸爸／媽媽會告訴你他／她決定的理由是什麼

在做跟你有關的決定之前，爸爸／媽媽會先問你的意見

答項：(1)沒有　(2)幾乎沒有　(3)有一半時間　(4)幾乎總是
(5)總是

(6) 堅守規則

依照實際情形，下列事情發生的頻率如何？

如果你沒有做好爸爸／媽媽交代你的事情，他／她會在乎

如果你做了爸爸／媽媽不許你做的事，他／她會懲罰你

一旦爸爸／媽媽決定要懲罰你，就真的會懲罰你

答項：(1)沒有　(2)幾乎沒有　(3)有一半時間　(4)幾乎總是
(5)總是

(7) 嚴厲處罰

依照實際情形，下列事情發生的頻率如何？

如果你做錯事情，爸爸／媽媽會毆打你

如果你做錯事情，爸爸／媽媽會用皮帶或類似的東西鞭打你

如果你做錯事情，爸爸／媽媽會把你趕出去或鎖在門外

答項：(1)沒有　(2)幾乎沒有　(3)有一半時間　(4)幾乎總是
(5)總是

3. 子女發展

(1) 學業成就

此學生第一次基本學力測驗之分數。

(2) 偏差行為

回想上國三以來，你自己有沒有出現下列的狀況？

不遵守校規

蹺課、逃學或故意不去上學

喝酒、抽菸或嗑藥

考試作弊

在學校裡惹麻煩（例如：吵架、打架、在班上惹事等）

答項：(1)從未　(2)偶爾　(3)有時候　(4)常常

(3) 自尊

以下有關你本人的描述，你同不同意？

我用積極樂觀的態度看待我自己

我很滿意我自己

我有時候覺得自己很沒有用（反向題）

有時候我會認為自己一無是處（反向題）

答項：(1)很不同意　(2)不同意　(3)同意　(4)很同意

4. 親子關係

(1) 依附

回想這半年來，當你和爸／媽相處時，有沒有以下的情形？

會問媽媽／爸爸對重要事情的看法

會注意聽媽媽／爸爸的看法或想法

會關心媽媽／爸爸

你會以媽媽／爸爸為榜樣

答項：(1)沒有　(2)一半時間　(3)總是

(2) 衝突

回想這半年來，當你和爸／媽相處時，有沒有以下的情形？

對媽媽／爸爸態度不好

很生氣地對媽媽／爸爸大小聲

因為媽媽／爸爸不同意你的看法而跟他爭執

答項：(1)沒有　(2)一半時間　(3)總是

5. 控制變項

(1) 居住地區

答項：(0)宜蘭　(1)臺北市與新北市

(2) 母親／父親教育程度

答項：(1)小學及以下　(2)國初中　(3)高中　(4)高職　(5)專科
(6)大學或學院　(7)研究所及以上

(3) 家庭平均月收入（元）

答項：	
(1)不到30,000	(2)30,000-49,999
(3)50,000-59,999	(4)60.000-69,999
(5)70,000-79,999	(6)80,000-89,999
(7)90,000-99,999	(8)100,000-109,999
(9)110,000-119,999	(10)120,000-129,999
(11)130,000-139,999	(12)140,000-149,999
(13)150,000及以上	

(4) 子方性格

以下描述符不符合你的情形？

（反抗性）

脾氣不好

喜歡與人爭論爭吵

喜歡鬧彆扭、唱反調

（自主性）

我喜歡自己決定我要做的事情

我喜歡我能愛去那兒就去那兒

我喜歡依我自己的方式做事，而不管別人怎麼想

答項：(1)非常不符合　(2)不太符合　(3)還算符合　(4)非常符合

(5) 子方學業表現

上國三以來，你跟得上學校課業進度嗎？

答項：(1)我落後很多，很難跟得上　(2)我有點落後，可能跟得上

(3)只落後一點點，很快就跟得上　(4)大部分都跟得上

(5)我的進度超前

參考書目

一、中文部分

朱瑞玲，1986，〈社會變遷中的子女教養問題之探討〉。《中國社會學刊》10：115-136。

————，2015，〈臺灣民眾的價值觀與文化態度〉。論文發表於「宗教與文化：臺灣社會變遷基本調查第二十四次研討會」，臺北：中央研究院社會學研究所，民國104年10月30日。

伊慶春，2014，〈臺灣地區家庭代間關係的持續與改變：資源與規範的交互作用〉。《社會學研究》3：189-215。

余德慧、顧瑜君，2000，〈父母眼中的離合處境與現代倫理意涵〉。《應用心理研究》6：173-211。

利翠珊，2007，〈華人已婚女性代間矛盾情感之特色與測量〉。《中華心理衛生學刊》20：357-386。

吳明燁，1998a，〈青少年初期父親與母親管教行為之比較〉。《東吳社會學報》7：39-79。

————，1998b，〈母親就業對於角色分工的影響—以育有青少年子女的家庭為例〉。《中大社會文化學報》6：113-145。

————，1999，〈近朱者赤？近墨者黑？：青少年初期同儕團體的行程與影響〉。《東吳社會學報》8：1-33。

吳齊殷，2000，〈家庭結構、教養實施與青少年的行為問題〉。《臺灣社會學研究》4，51-95。

吳齊殷、周玉慧，2001，〈教養方式、親子互動與青少年行為：親子知覺的相對重要性〉。《人文及社會科學集刊》13：439-476。

吳齊殷、黃鈺婷，2010，〈青少年初期身心健康變化及其動態影響變因之討論〉。《中華心理衛生學刊》4，535-562。

李美枝，1998，〈中國人親子關係的內涵與功能：以大學生為例〉。《本土心理學研究》9：3-52。

汪宏倫，2006，〈從「九年一貫社會學習領域」管窺臺灣公民社會之未來：試論群體生活的當代困境〉。《臺灣社會學刊》36：1-64。

周玉慧、吳明燁、黃朗文，2010，〈當中年遇到青少年：親子關係類型與父母中年生活感受〉。《臺灣社會學》20：1-37。

周新富，2008，〈社會階級對子女學業成就的影響—以家庭資源為分析架構〉。《臺灣教育社會學研究》8：1-43。

林文瑛、王震武，1995，〈中國父母的教養觀：嚴教觀或打罵觀？〉。《本土心理

學研究》3：2-92。

林文瑛，2003，〈教養觀背後的人性觀—以能力觀爲例〉。《本土心理學研究》
　　20：253-293。

_____，2005，〈從德行觀到教養行爲—中介歷程假說〉。《中華心理學刊》47：
　　229-248。

林惠雅，1999，〈母親信念、教養目標與教養行爲（一）：內涵意義之探討〉。
　　《應用心理研究》2：143-180。

_____，2007，〈青少年獨立自主發展之探討〉。《應用心理研究》35：153-
　　183。

_____，2014，〈青少年知覺父母教養行爲、服從義務與服從管教之關聯探
　　討〉。《應用心理研究》60：219-271。

林碧芳，2009，〈從文化資本探討才藝學習對學習成就的影響〉。《教育與社會研
　　究》17：111-134。

邱皓政，2008，《潛在類別模式：原理與技術》。臺北：五南。

唐文慧，2011，〈爲何職業婦女決定離職？結構限制下的母職認同與實踐〉。《臺
　　灣社會研究季刊》85：201-265。

孫中欣，1999，《學業失敗的社會學研究》。臺北：揚智文化。

孫世維，1994，〈青少年與父母的情感關係：依附的性質與重要性〉。《法商學
　　報》29：259-304。

_____，1997，〈親子依附與分離-個體化：大學時期的發展〉。《教育與心理研
　　究》20：271-295。

_____，2005，〈青少年的風險行爲與知覺〉。《中華心理衛生學刊》18：87-
　　116。

張明宜、吳齊殷，2013，〈友誼網絡中誰的獲益更多：青少年友誼網絡與學業成就
　　的動態分析〉。《臺灣社會學》26：97-146。

章英華，2001，〈家庭與青少年之間：尋找中介機制〉。《應用心理研究》12：
　　1-4。

許崇憲，2002，〈家庭背景因素與子女學業成就之關係：臺灣樣本的後設分
　　析〉。《中正教育研究》1：25-62。

許詩淇、黃曬莉，2009，〈天下無不是的父母？—華人父母角色義務對親子衝突與
　　親子關係的影響〉。《中華心理學刊》51：295-317。

陳志賢、楊巧玲，2011，〈爲難父母、父母難爲：《聯合報》親職報導內容分析
　　（1978-2008年）〉。《新聞學研究》106：135-178。

陳俞霖，2002，〈網路同儕型塑及對青少年社會化影響之探討〉。《資訊社會研
　　究》3：149-181。

陳婉琪、徐崇倫，2011，〈愛的教育，鐵的紀律？父母教養方式與青少年心理健康

之相關〉。《教育研究集刊》57：121-154。

曾敏傑、杜孟霖，2002，〈社會階級與人格特質：職場社會化的中介角色〉。《臺灣教育社會學研究》2：101-152。

黃光國，2004，〈儒家社會中的生活目標與角色義務〉。《本土心理學研究》22：121-193。

黃聖桂、程小蘋，2005，〈青少年自主展現之研究——一個開放家庭的分析〉。《輔導與諮商學報》27：23-45。

黃隆興、張德勝、王采薇，2010，〈國小資優生與普通生家庭社經背景及文化資本之比較研究〉。《教育與多元文化》2：59-64。

楊國樞，1981，〈中國人的性格與行為：形成及蛻變〉。《中華心理學刊》23：39-55。

葉光輝，1996，〈親子互動的困境與衝突及其因應方式：孝道觀點的探討〉。《中央研究院民族學研究所集刊》82：65-114。

葉光輝、黃宗堅、邱雅沂，2006，〈華人的家庭文化特徵：以臺灣北部地區若干家庭的探討為例〉。《本土心理學刊》25：141-195。

趙梅如，2004，〈親子間印象深刻之獎勵與懲罰的情感意涵〉。《應用心理研究》21：219-248。

趙蕙鈴，2011，〈「以子女為中心」和擔心子女輸在起跑點的父母教養心態與親子處境之探究〉。《家庭教育與諮商學刊》10：31-62。

劉惠琴，2000，〈母女關係的社會建構〉。《應用心理研究》6：97-130。

劉慈惠，1999，〈幼兒母親對中國傳統教養與現代教養的認知〉。《新竹師院學報》12：311-345。

_____，2001，〈現代幼兒母親的教養信念——以大學教育程度者為例〉。《新竹師院學報》14：355-405。

潘淑滿，2005，〈臺灣母職圖像〉。《女學學誌：婦女與性別研究》20：41-91。

蔡勇美、伊慶春，1997，〈中國家庭價值觀的持續與改變：臺灣的例子〉。頁123-170，收錄於張苙雲、呂玉瑕、王昌甫編，《九〇年代的臺灣社會：社會變遷基本調查研究系列二（下）》。臺北：中央研究院社會學研究所。

藍佩嘉，2014，〈做父母、做階級：親職敘事、教養實作與階級不平等〉。《臺灣社會學》27：97-140。

羅國英，1996，《青少年前期的親子關係與同儕關係：其比較及關聯研究》。臺北：國科會專題研究成果報告（計畫編號：NSC-85-2413-H-031-001-T）。

_____，2000，〈母親教養期望與親職壓力及青少年親子關係知覺的關聯——兼談學業成就於其中的角色〉。《東吳社會工作學報》6：35-72。

二、英文部分

Abell, Ellen and Viktor Gecas, 1997, "Guilt, Shame, and Family Socialization: A Retrospective Study." *Journal of Family Issues* 18: 99-123.

Adams, Gerald R., Thomas P. Gullotta and Carol Markstrom-Adams, 1994, *Adolescent Life Experiences* (3rd Edition). CA: Brooks/Cole Publishing Company.

Allison, Barbara N. and Jerelyn B. Schultz, 2004, "Parent-Adolescent Conflict in Early Adolescence." *Adolescence* 39: 101-119.

Amato, Paul R. and Tamara D. Afifi, 2006, "Feeling Caught Between Parents: Adult Childre's Relations With Parents and Subjective Well-Being." *Journal of Marriage and Family* 68: 222-235.

Aquilino, Williams S., 1997 "From Adolescent to Young Adult: A Prospective Study of Parent-Child Relations During the Transition to Adulthood." *Journal of Marriage and the Family* 59: 670-686.

Aquilino, Williams S. and Andrew J. Supple, 2001, "Long-Term Effects of Parenting Practices during Adolescence on Well-Being Outcomes in Young Adulthood." *Journal of Family Issues* 22: 289-308.

Arendell, Terry, 1997, "A Social Constructionist Approach to Parenting." pp. 1-44 in *Contemporary Parenting: Challenges and Issues*, edited by Terry Arendell. Thousand Oaks, California: Sage Publications.

Ariès, Philippe, 1962, *Centuries of Childhood*. Translate by Robert Baldick. New York: Random House, Inc.

Barber, Brian K., Bruce A. Chadwick and Rolf Oerter, 1992, "Parental Behaviors and Adolescent Self-Esteem in the United States and Germany." *Journal of Marriage and the Family* 54: 128-141.

Barber, Brian K., Joseph E. Olsen and Shobha C. Shagle, 1994, "Associations between Parental Psychological and Behavioral Control and Youth Internalized and Externalized behaviors." *Child Development* 65: 1120-1136.

Barnes, Grace M. and Michael P. Farrell, 1992, "Parental Support and Control as Predictors of Adolescent Drinking, Delinquency, and Related Problem Behaviors." *Journal of Marriage and the Family* 54: 763-776.

Baumrind, Diana, 1971, "Current Patterns of Parental Authority." *Developmental Psychology Monographs* 4: 1-103.

＿＿＿＿＿＿, 1991, "Effective Parenting During the Early Adolescent Transition." pp. 111-163 in *Advances in Family Research: Vol. 2 Family Transitions*, edited by Philip A. Cowan and Mavis Hetherington. Hillsdale, NJ: Lawrence Erlbaum Associates.

＿＿＿＿＿＿, 1996, "The Displine Controversy Revisted." *Family Relations* 45: 405-414.

_____, 2012, "Differentiating between confrontive and coercive kinds of parental power-assertive disciplinary practices." *Human Development* 55: 35-51.

Bean, Roy A., Brian K. Barber and D. Russell Crane, 2006, "Parental support, behavioral control among African American Youth: The relationships to academic grades, delinquency, and depression." *Journal of Family Issues* 27: 1335-1355.

Beck, Ulrich, Anthony Giddens and Scott Lash, 1994, *Reflexive Modernization: Politics, Tradition and Aesthetics in the Modern Social Order.* Cambridge: Polity Press.

Belsky, Jay, 1984, "The Determinants of Parenting: A Process Model." *Child Development* 55: 83-96.

Berger, Peter L. and Thomas Luckmann, 1989, *The Social Construction of Reality: A Treatise in the Sociology of Knowledge.* New York: An Anchor Books.

Bogenschneider, Karen, 1997, "Parental Involvement in Adolescent Schooling : A Proximal Process with Transcontextual Validity." *Journal of Marriage and the Family* 59: 718-733.

Bogenschneider, Karen, Ming-Yeh Wu, Marcela Raffaelli and Jenner C. Tsay, 1998, "Other Teens Drink, But Not My Kid: Does Parental Awareness of Adolescent Alcohol Use Protect Adolescent from Risky Consequences?" *Journal of Marriage and the Family* 60: 356-373.

Bogenschneider, Karen and Linda Pallock, 2008, "Responsiveness in Parent-Adolescent Relationships: Are Influences Conditional? Does the Reporter Matter?" *Journal of Marriage and Family* 70: 1015-1029.

Bois-Reymond, Manuela du, 1995, "The Role of Parents in the Transition Period of Young People." pp. 200-234 in *Childhood and Youth in Germany and the Netherlands*, edited by Manuela du Bois-Reymond, R. Diekstra, K. Hurrelmann and E. Peters. Berlin: Walter de Gruyter.

Brannen, Julia, K. Dodd, A. Oakley, and P. Storey, 1994, *Young People, Health and Family Life.* Buckingham: Open University Press.

Bronfenbrenner, Urie, 1986, "Ecology of the Family as a Context for Human Development: Research Perspectives." *Developmental Psychology* 22: 723-742.

Brooks-Gunn, Jeanne and Edward O. Reiter, 1990, "The Role of Pubertal Processes." pp. 16-53 in *At the threshold: the developing adolescent*, edited by S. Shirley Feldman and Glen R. Elliott. Cambridge: Harvard University Press.

Brown, B. Bradford, 1990, "Peer groups and peer cultures." pp. 171-196 in *At the Threshold: The Developing Adolescent*, edited by S. Shirley Feldman and Glen R. Elliott. Cambridge: Harvard University Press.

Bucx, Freek and Frits van Wel, 2008, "Parental Bond And Life Course Transitions From

Adolescence To Young Adulthood." *Adolescence* 43(169): 71-88.

Cabrera, Natasha J., Catherine S. Tamis-LeMonda, Robert H. Bradley, Sandra Hofferth and Michael E. Lamb, 2000, "Fatherhood in the Twenty-First Century." *Child Development* 71: 127-136.

Chao, Ruth K., 1994, "Beyond Parental Control and Authoritarian Parenting Style: Understanding Chinese Parenting through the Cultural Notion of Training." *Child Development* 65: 1111-1119.

Chao, Ruth K. and Stanley Sue, 1996, "Chinese parental influence and their children's school success: a paradox in the literature on parenting styles." pp. 93-120 in *Growing up the Chinese way: Chinese child and adolescent development*, edited by Sing Lau. Hong Kong: Chinese University Press.

Chao, Ruth K. and Vivian Tseng, 2002, "Parenting of Asians." pp. 59-93 in *Handbook of parenting (2nd edition) Volume 4: Social conditions and applied parenting*, edited by Marc H. Bornstein (Series Ed.). Mahwah, New Jersey: Lawrence Erlbaum Associates.

Chao, Ruth K. and Christine Aque, 2009, "Interpretations of Parental Control by Asian Immigrant and European American Youth." *Journal of Family Psychology* 23(3): 342-354.

Cheal, David, 2008, *Families in Today's World: A Comparative Approach*. New York: Routledge.

Clogg, Clifford C., 1995, "Latent Class Models." pp. 311-359 in *Handbook of Statistical Modeling for the Social and Behavioral Sciences*, edited by Gerhard Arminger, Clifford C. Clogg and Michael E. Sobel. New York: Plenum.

Coleman, James Samuel, 1961, *The Adolescent Society*. New York: Free Press.

Collins, Randall, 1988, "The Durkheimian Tradition in Conflict Sociology." pp. 107-235 in *Durkheimian Sociology: Cultural Studies*, edited by Jeffrey C. Alexander. New York: Cambridge University Press.

Collins, W. Andrew, Eleanor E. Maccoby, Laurence Steinberg, E. Mavis Hetherington and Marc H. Bornstein, 2000, "Contemporary Research on Parenting: The Case for Nature and Nurture." *American Psychologist* 55: 218-232.

Connidis, Ingrid Arnet and Julie Ann McMullin, 2002, "Sociological Ambivalence and Family Ties: A Critical Perspective." *Journal of Marriage and Family* 64: 558-567.

Coser, Rose Laub, 1966, "Role Distance, Sociological Ambivalence, and Transitional Status Systems." *American Journal of Sociology* 72: 173-187.

Crouter, Ann C., Matthew F. Bumpus, Kelly D. Davis and Susan M. McHale, 2005, "How Do Parents Learn About Adolescents' Experiences? Implications for Parental

Knowledge and Adolescent Risky Behavior." *Child Development* 76: 869-882.

Darling, Nancy and Laurence Steinberg, 1993, "Parenting Styles as Context: An Integrative Model." *Psychological Bulletin* 113: 487-496.

Darling, Nancy, Patricio Cumsille and M. Loreto Martínez, 2008, "Individual Differences in Adolescents' Beliefs about the Legitimacy of Parental Authority and Their Own Obligation to Obey: A Longitudinal Investigation." *Child Development* 79: 1103-1118.

Deater-Deckard, Kirby, 2004, *Parenting Stress*. New Haven: Yale University Press.

Dermott, Esther, 2008, *Intimate Fatherhood: A Sociological Analysis*. New York: Routledge.

Dornbusch, Sanford M., Philip L. Ritter, Herbert P. Leiderman, Donald F. Roberts and Michael J. Fraleigh, 1987, "The Relation of Parenting Style to Adolescent School Performance." *Child Development* 58: 1244-1257.

Elder, Glen H., 1999, *Children of the Great Depression: Social Change in Life Experience*. Boulder, Colo.: Westview Press.

Enright, Robert D., Victor M. Levy, Deborah Harris and Daniel K. Lapsley, 1987, "Do Economic Conditions Influence How Theorists View Adolescents?" *Journal of Youth and Adolescence* 16: 541-560.

Finch, Janet and Jennifer Mason, 1993, *Negotiating Family Responsibilities*. London: Routledge.

Fingerman, Karen L., Pei-Chun Chen, Elizabeth Hay, Kelly E. Cichy and Eva S. Lefkowitz, 2006, "Ambivalent Reactions in the Parent and Offspring Relationship." *The Journals of Gerontology* 61B: 152-160.

Fingerman, Karen L., Yen-Pi Cheng, Eric D. Wesselmann, Steven Zarit, Frank Furstenberg and Kira S. Birditt, 2012, "Helicopter Parents and Landing Pad Kids: Intense Parental Support of Grown Children." *Journal of Marriage and Family* 74: 880-896.

French, John R. P. and Bertram Raven, 1959, "The Bases of social power." pp. 259-269 in *Studies in Social Power*, edited by Darwin Cartwright. Ann Arbor, Mich: Institute for Social Research.

French, Valerie, 1995, "History of Parenting: The Ancient Mediterranean World." pp. 263-284 in *Handbook of parenting (2nd edition) Volume 2: Biology and Ecology of Parenting*, edited by M. H. Bornstein (Series Ed.). Mahwah, New Jersey: Lawrence Erlbaum Associates.

Fuligni, Andrew, 1998, "Authority, Autonomy, and Parent-Adolescent Conflict and Cohesion: A Study of Adolescents From Mexican, Chinese, Filipino, and European

Backgrounds." *Developmental Psychology* 34: 782-792.

Garcia, Fernando and Enrique Gracia, 2009, "Is Always Authoritative the Optimum Parenting Style? Evidence from Spanish Families." *Adolescence* 44: 101-130.

Giarrusso, Roseann, Merril Silverstein, Daphna Gans and Vern L. Bengtson, 2005, "Ageing Parents and Adult Children: New Perspectives on Intergenerational Relationships." Pp.413-421 in *Cambridge Handbook of Age and Ageing*, edited by Malcom L. Johnson, Vern L. Bengtson, Peter G. Coleman and Thomas B. L. Kirkwood. London: Cambridge University Press.

Giddens, Anthony, 1992, *The Transformation of Intimacy: Sexuality, Love and Eroticism in Modern Societies*. Cambridge: Polity Press.

Giordano, Peggy C., 2003, "Relationships in Adolescence." *Annual Review of Sociology* 29: 257-281.

Goode, William J., 1960, "A theory of role strain." *American Sociological Review* 25: 488-496.

Goyette, Kimberly and Yu Xie, 1999, "Educational Expectations of Asian American Youths: Determinants and Ethnic Differences." *Sociology of Education* 72: 22-36.

Grasmick, Harold G., John Hagan, Brenda Sims Blackwell and Bruce J. Arneklev, 1996, "Risk Preferences and Patriarchy: Extending Power-Control Theory." *Social Forces* 75: 177-199.

Gray, Marjory R. and Laurence Steinberg, 1999, "Unpacking Authoritative Parenting: Reassessing a Multidimensional Construct." *Journal of Marriage and the Family* 61: 574-587.

Grusec, Joan E., 2012, "Socialization and the Role of Power Assertion: Commentary on Baumrind." *Human Development* 55: 52-56.

Harkness, Sara and Charles M. Super, 2002, "Culture and Parenting." pp. 252-280 in *Handbook of Parenting (2nd Edition) Volume 2: Biology and Ecology of Parenting*, edited by Marc H. Bornstein. New Jersey: Lawrence Erlbaum Associates.

Harris, Judith R., 1998, *The Nurture Assumption: Why Children Turn Out the Way They Do*. New York: Free Press.

Hays, Sharon, 1996, *The Cultural Contradictions of Motherhood*. New Haven: Yale University Press.

Heywood, Colin, 2001, *A History of Childhood: Children and Childhood in the West from Medieval to Modern Times*. MA: Blackwell.

Ho, David Y. F., 1986, "Chinese Patterns of Socialization: A Critical Review." Pp.1-37 in *The Psychology of the Chinese People*, edited by Michael Harris Bond. New York: Oxford University Press.

Hoff, Erika, Brett Laursen and Twila Tardif, 2002, "Socioeconomic Status and Parenting." pp. 231-252 in *Handbook of Parenting (2nd Edition) Volume 2: Biology and Ecology of Parenting*, edited by Marc H. Bornstein. New Jersey: Lawrence Erlbaum Associates.

Holmbeck, Grayson N., Roberta L. Paikoff and Jeanne Brooks-Gunn, 1995, "Parenting Adolescents." pp. 91-118 in *Handbook of Parenting Volume 1: Children and parenting*, edited by Marc H. Bornstein. Mahwah, New Jersey: Lawrence Erlbaum Associates.

Hong, Sehee and Hsiu-Zu Ho, 2005, "Direct and Indirect Longitudinal Effects of Parental Involvement on Student Achievement: Second-Order Latent Growth Modeling Across Ethnic Groups." *Journal of Educational Psychology* 97: 32-42.

Horowitz, J. Andrews, 1995, "A Conceptualization of Parenting: Examining the Single Parent Family." *Marriage and Family Review* 20: 43-70.

Horvat, Erin McNamara, Elliot B. Weininger and Annette Lareau, 2003, "From Social Ties to Social Capital: Class Differences in the Relations Between Schools and Parent Networks." *American Educational Research Journal* 40: 319-351.

Hulei, Elaine, Andera A. Zevenbergen and Sue C. Jacobs, 2006, "Discipline Behaviors of Chinese American and European American Mothers." *Journal of Psychology: Interdisciplinary and Applied* 140: 459-475.

Jaffe, Michael L., 1998, *Adolescence*. New York: John Wiley & Sons, Inc.

Jamieson, Lynn, 1998, 蔡明璋譯，親密關係：現代社會的私人關係。臺北：群學出版有限公司。

Johnson, Deirdre D. and Debra H. Swanson, 2006, "Constructing the "Good Mother": The Experience of Mothering Ideology by Work Status." *Sex Role* 54: 509-519.

Kandel, Denise. B., 1986, "Processes of Peer Influence in Adolescence." pp. 203-228 in *Development as Action in Context*, edited by Rainer K. Silbereisen, K. Eyferth and G. Rudinger. Berlin: Springer-Verlag.

Keating, Daniel P., 1990, "Adolescent Thinking." pp. 54-89 in *At the Threshold: The Developing Adolescent*, edited by S. Shirley Feldman and Glen R. Elliott. Cambridge: Harvard University Press.

Kelley, M. Louise and Hui-Mei Tseng, 1992, "Cultural Differences in Child Rearing: A Comparison of Immigrant Chinese and Caucasian American Mothers." *Journal of Cross-Cultural Psychology* 23: 444-455.

Kerr, Margaret, Håkan Stattin and William J. Burk, 2010, "A Reinterpretation of Parental Monitoring in Longitudinal Perspective." *Journal of Research on Adolescence* 20: 39-64.

Kohn, Melvin L., 1959, "Social Class and the Exercise of Parental Authority." *American Journal of Sociology* 24: 352-366.

_____, 1963, "Social Class and Parent-Child Relationships: An Interpretation." *American Journal of Sociology* 68: 471-480.

Kohn, Melvin L. and Carmi Schooler, 1969, "Class, Occupation, and Orientation." *American Sociological Review* 34: 659-678.

Kohn, Melvin L., Carmi Schooler, Joanne Miller, Karen A. Miller, Carrie Schoenbach and Ronald Schoenberg, 1983, *Work and Personality: An Inquiry into the Impact of Social Stratification*. Norwood, New Jersey: Ablex Publishing Corporation.

Kornrich, Sabino and Frank Furstenberg, 2013, "Investing in Children: Changes in Parental Spending on Children, 1972-2007." *Demography* 50: 1-23.

Lahey, Benjamin B., Carol A. Van Hulle, Brian M. D'Onofrio, Joseph Lee Rodgers and Irwin D. Waldman, 2008, "Is Parental Knowledge of their Adolescent Offspring's Whereabouts and Peer Associations Spuriously Associated with Offspring Delinquency?" *Journal of Abnormal Child Psychology* 36: 807-823.

Lamborn, Susie D., Nina S. Mounts, Laurence Steinberg and Sanford M. Dornbusch, 1991, "Patterns of Competence and Adjustment among Adolescents from Authoritative, Authoritarian, Indulgent, and Neglectful Families." *Child Development* 62: 1049-1065.

Lapsley, Daniel. K., Robert D. Enright and Ronald C. Serlin, 1985, "Toward a theoretical perspective on the legislation of adolescence." *Journal of Early Adolescence* 5: 441-466.

Lareau, Annette and Erin McNamara Horvat, 1999, "Moments of Social Inclusion and Exclusion Race, Class, and Cultural Capital in Family-School Relationships." *Sociology of Education* 72: 37-53.

Lareau, Annette, 2002, "Invisible Inequality: Social Class and Childrearing in Black Families and White Families." *American Sociological Review* 67: 747-776.

Leiber, Michael J. and Mary E. Wacker, 1997, "A Theoretical and Empirical Assessment of Power-Control Theory and Single-Mother Families." *Youth and Society* 28: 317-350.

LeVine, Robert A., 2003, *Childhood Socialization: Comparative Studies of Parenting, Learning, and Educational Change*. Hong Kong: The University of Hong Kong.

Li, Yan, Philip R. Costanzo and Martha Putallaz, 2010, "Maternal Socialization Goals, Parenting Styles, and Social-Emotional Adjustment Among Chinese and European American Young Adults: Testing a Mediation Model." *The Journal of Genetic Psychology* 171: 330-362.

Lieber, Eli, Heidi Fung and Patrick Wing-Leung Leung, 2006, "Chinese Child-rearing Beliefs: Key Dimensions and Contributions to the Development of Culture-Appropriate Assessment." *Asian Journal of Social Psychology* 9: 140-147.

Luescher, Kurt and Karl Pillemer, 1998, "Intergenerational Ambivalence: A New Approach to the Study of Parent-Child Relations in Later Life." *Journal of Marriage and the Family* 60: 413-425.

Maccoby, Eleanor E. and James A. Martin, 1983, "Socialization in the Context of the Family: Parent-child Interaction." Pp.1-101 in *Handbook of Child Psychology: vol. 4. Socialization, Personality, and Social Development*, edited by E. M. Hetherington. N.Y.: Wiley.

Maccoby, Eleanor E., 1992, "The Role of Parents in the Socialization of Children: An Historical Overview." *Developmental Psychology* 28: 1006-1017.

_____, 2007, "Historical Overview of Socialization Research and Theory." pp. 13-41 in *Handbook of Socialization: Theory and Research*, edited by Joan E. Grusec and Paul D. Hastings. New York: Guilford Press.

Martinez, Isabel and Jose Fernando Garcia, 2008, "Internalization of Values and Self-Esteem among Brazilian Teenagers from Authoritative, Indulgent, Authoritarian, and Neglectful Homes." *Adolescence* 43: 13-29.

McCarthy, Bill and Teresa Casey, 2008, "Love, Sex, and Crime: Adolescent Romantic Relationships and Offending." *American Sociological Review* 73: 944-969.

McCarthy, Bill, John Hagan and Todd S. Woodward, 1999, "In the Company of Women: Structure and Agency in a Revised Power-control Theory of Gender and Delinquency." *Criminology* 37: 761-788.

McKee, Laura, Erin Roland, Nicole Coffelt, Ardis L. Olson, Rex Forehand, Christina Massari, Deborah Jones, Cecelia A. Gaffney and Michael S. Zens, 2007, "Harsh Discipline and Child Problem Behaviors: The Roles of Positive Parenting and Gender." *Journal of Family Violence* 22: 187-196.

Merton, Robert K. and Elinor Barber, 1963, "Sociological Ambivalence." pp. 91-120 in *Sociological Theory: Values and Sociocultural Change*, edited by Edward A. Tiryakian. New York: Free Press.

Mertz, Eva-Maria, Carlo Schuengel and Hans-Joachim Schulze, 2007, "Intergenerational Solidarity: An Attachment Perspective." *Journal of Aging Studies* 21: 175-186.

Milkie, Melissa A., Robin W. Simon and Brian Powell, 1997, "Through the Eyes of Children: Youths' Perceptions and Evaluations of Maternal and Paternal Roles." *Social Psychology Quarterly* 60: 218-237.

Muthén, Linda K., & Bengt O. Muthén, 2004. *Mplus: Statistical Analysis with Latent*

Variables, Los Angeles, CA: Muthén & Muthén.

Muuss, Rolf, 1988, *Theories of Adolescence(5th ed.)*. N. Y.: McGraw-Hill, Inc.

Ogbu, John U., 1981, "Origins of Human Competence: A Cultural-Ecological Perspective." *Child Development* 52: 413-429.

Parsons, Talcott and Robert Freed Bales, 1956, *Family Socialization and Interaction Process*. London: Routledge and Kegan Paul.

Patterson, Gerald R. and Magda Stouthamer-Loeber, 1984, "The Correlation of Family Management Practices and Delinquency." *Child Development* 55: 1299-1307.

Piko, Bettina. Franciska. and Máté. Ádám. Balázs, 2012, "Control or Involvement? Relationship between Authoritative Parenting Style and Adolescent Depressive Symptomatology." *European Child and Adolescent Psychiatry* 21: 149-155.

Platt, Anthony, 1969, "The Rise of the Child-Saving Movement: A Study in Social Ploicy and Correctional Reform." *Annals of the American Academy of Political and Social Science* 381: 21-38.

Priester, Joseph R. and Richard E. Petty, 2001, "Extending the Bases of Subjective Attitudinal Ambivalence: Interpersonal and Intrapersonal Antecedents of Evaluative Tension." *Journal of Personality and Social Psychology* 80: 19-34.

Raley, Sara, Suzanne M. Bianchi and Wendy Wang, 2012, "When Do Fathers Care? Mothers' Economic Contribution and Fathers' Involvement in Child Care." *American Journal of Sociology* 117: 1422-1459.

Rollins, Boyd C. and Darwin L. Thomas, 1979, "Parental Support, Power and Control Techniques in the Socialization of Children." pp. 317-364 in *Contemporary Theories about the Family vol. 1.*, edited by Welsley R. Burr, Rerben Hill, F. Ivan Nye and Ira L. Reiss. New York: The Free Press.

Roscigno, Vincent J. & Jamie W. Ainsworth-Darnell, 1999, "Race, Cultural Capital, and Educational Resources: Persistent Inequalities and Achievement Returns." *Sociology of Education* 72: 158-178.

Rosenberg, Morris, 1981, "The Self-concept: Social Product and Social Force." pp. 593-624 in *Social Psychology: Sociological Perspectives*, edited by Morris Rosenberg and Ralph H. Turner. New York: Basic Books.

Rossi, Alice S. and Peter H. Rossi, 1990, *Of Human Bonding: Parent-Child Relations Across the Life Course*. New York: Aldine de Gruyter.

Sayer, Liana C., Suzanne M. Bianchi and John P. Robinson, 2004, "Are Parents Investing Less in Children? Trends in Mothers' and Fathers' Time with Children." *American Journal of Sociology* 110: 1-43.

Shek, Daniel T. L., 2000, "Differences Between Fathers and Mothers in the Treatment of, and Relationship with, Their Teenage Children: Perceptions of Chinese Adolescents." *Adolescence* 35: 135-146.

_____, 2002, "Parenting Characteristics and Parent-Adolescent Conflict: A Longitudinal Study in the Chinese Culture." *Journal of Family Issues* 23: 189-208.

_____, 2005, "Perceived Parental Control and Parent-Child Relational Qualities in Chinese Adolescents in Hong Kong." *Sex Roles* 53: 635-646.

_____, 2006, "Chinese family research." *Journal of Family Issues* 27: 275-284.

Sherif-Trask, Bahira, 2010, *Globalization and Families: Accelerated Systemic Social Change*. New York: Springer.

Silverstein, Merril and Vern L. Bengtson, 1997, "Intergenerational solidarity and the structure of adult child-parent relationships in American families." *American Journal of Sociology* 103: 429-460.

Singelis, Theodore M., Harry C. Triandis, Dharm P. S. Bhawuk and Michele J. Gelfand, 1995, "Horizontal and Vertical Dimensions of Individualism and Collectivism: A Theoretical and Measurement Refinement." *Cross-Cultural Research* 29: 240-275.

Small, Stephen A. and Gay Eastman, 1991, "Rearing Adolescents in Contemporary Society: A Conceptual Framework for Understanding the Responsibilities and Needs of Parents." *Family Relations* 40: 455-462.

Small, Stephen A. and Tom Luster, 1994, "Adolescent Sexual Activity: An Ecological, Risk-Factor Approach." *Journal of Marriage and the Family* 56: 181-192.

Smetana, Judith G., 1988, "Adolescent's and Parent's Conceptions of Parental Authority." *Child Development* 59: 321-335.

_____, 1995, "Parenting Styles and Conceptions of Parental Authority during Adolescence." *Child Development* 66: 299-316.

Smetana, Judith G. and P. Asquith, 1994, "Adolescents' and Parents' Conceptions of Parental Authority and Adolescent Autonomy." *Child Development* 71: 1672-1686.

Smith, Thomas E. 1983, "Adolescent Reactions to Attempted Parental Control and Influence Techniques." *Journal of Marriage and the Family* 45: 533-542.

Smollar, Jacqueline and James Youniss, 1989, "Transformation in Adolescents' Perceptions of Parents." *International Journal of Behavioral Development* 12: 71-84.

Sobolewski, Juliana M. and Paul R. Amato, 2007, "Parents' Didcord and Divorce, Parent-Child Relationships and Subjective Well-Being in Early Adulthood: Is Feeling Close to Two Parents Always Better than Feeling Close to One?" *Social Forces* 85: 1105-1124.

Solomon, Yvette, Jo Warin, Charlie Lewis and Wendy Langford, 2002, "Intimate Talk

Between Parents and Their Teenage Children: Democratic Openness or Covert Control?" *Sociology* 36: 965-983.

Sorkhabi, Nadia and Ellen Middaugh, 2014, "How Variations in Parents' Use of Confrontive and Coercive Control Relate to Variations in Parent-Adolescent Conflict, Adolescent Disclosure, and Parental Knowledge: Adolescents' Perspective." *Journal of Child and Family Studies* 23: 1227-1241.

Stattin, Håkan and Margaret Kerr, 2000, "Parental Monitoring: A Reinterpretation." *Child Development* 71: 1072-1085.

Steinbach, Anja, 2008, "Intergenerational Solidarity and Ambivalence: Types of Relationships in German Families." *Journal of Comparative Family Studies* 39: 115-127.

Steinberg, Laurence and B. Bradford Brown, 1989, "Beyond the Classroom: Parental and Peer Influences on High School Achievement." Paper presented at the American Educational Research Association, San Francisco, March 27-31.

Steinberg, Laurence, 1990, "Interdependency in the family: autonomy, conflict, and harmony." pp. 255-276 in *At the Threshold: The Developing Adolescent*, edited by S. Shirley Feldman and Glen R. Elliott. Cambridge: Harvard University Press.

Steinberg, Laurence, Sanford M. Dornbusch and B. Bradford Brown, 1992, "Ethnic Differences in Adolescent Achievement in Ecological Perspective." *American Psychologist* 47: 723-729.

Steinberg, Laurence, 2001, "We Know Some Things: Parent-Adolescent Relationships in Retrospect and Prospect." *Journal of Research on Adolescence* 11: 1-19.

Van Gaalen, Ruben I. and Pearl A. Dykstra, 2006, "Solidarity and Conflict between Adult Children and Parents: A Latent Class Analysis." *Journal of Marriage and Family* 68: 947-960.

Weininger, Elliot B. and Annette Lareau, 2009, "Paradoxical Pathways: An Ethnographic Extension of Kohn's Findings on Class and Childrearing." *Journal of Marriage and Family* 71: 680-695.

Williams, Stephen, 2008, What is Fatherhood? Searching for the Reflexive Father. *Sociology* 42, 487-502.

Willson, Andrea E., Kim M. Shuey and Glen H. Elder Jr., 2003, "Ambivalence in the Relationship of Adult Children to Aging Parents and In-Laws." *Journal of Marriage and Family* 65: 1055-1072.

Winship, Christopher and Robert D. Mare, 1992, "Models for Sample Selection Blas." *Annual Reviews of Sociology* 18: 327-350.

Wolfe, Donald M., 1959, "Power and Authority in the Family." pp. 99-117 in *Studies in*

Social Power, edited by Dorwin Cartwright. Ann Arbor, Mich.: The University of Michigan.

Wolfe, Margery, 1972, *Women and the Family in Rural Taiwan*. Stanford: Stanford University Press.

Woodward, Lianne, David M. Fergusson and Jay Belsky, 2000, "Timing of Parental Separation and Attachment to Parents in Adolescence: Results of a Prospective Study from Birth to Age 16." *Journal of Marriage and the Family* 62: 162-174.

Wu, David Y. H., 1996, "Chinese childhood socialization." pp. 143-154 in *The handbook of Chinese psychology*, edited by M. H. Bond. Hong Kong: Oxford University Press.

_____, 1997, "Child Training in Chinese Culture." pp. 113-134 in *Chinese Culture and Mental Health*, edited by Wen-Shing Tseng and David Y. H. Wu. Orlando: Academic Press, Inc.

Wu, Ming-Yeh, 2013, "The Concept of *Guan* in the Chinese Parent-Child Relationship." pp. 29-50 in *The Psychological Well-being of East Asian Youth*, edited by Chin-Chun Yi. New York: Springer.

Yeh, Kuang-Hui, 2011, "Mediating Effects of Negative emotions in Parent-child Conflict on Adolescent Problem Behavior." *Asian Journal of Social Psychology* 14: 236-245.

Yi, Chin-Chun and Wen-Yin Chien, 2002, "The Linkage between Work and Family: Female's Employment Patterns in Three Chinese Societies." *Journal of Comparative Family Studies* 33: 451-74.

Yi, Chin-Chun, Chin-Fen Chang, Ying-Hwa Chang, 2004, "The intergenerational transmission of family values: A comparison between teenagers and parents in Taiwan." *Journal of Comparative Family Studies* 35: 523-545.

Yinger, J. Milton, 1960, "Contraculture and subculture." *American Sociological Review* 25: 625-635.

Youniss, James and Jacqueline Smollar, 1985, *Adolescent Relations with Mothers, Father, and Friends*. Chicago: The University of Chicago Press.

Youniss, James, 1980, *Parents and Peers in Social Development*. Chicago: The University of Chicago Press.

國家圖書館出版品預行編目資料

父母難為：臺灣青少年教養的社會學分析／
吳明燁著. －－初版. －－臺北市：五南,
2016.01
　面；　公分
ISBN 978-957-11-8482-1 (平裝)
1.家庭教育　2.青少年教育　3.教育社會學
528.2　　　　　　　　　　105000043

1JC4

父母難為：臺灣青少年教養的社會學分析

作　　者－ 吳明燁

發 行 人－ 楊榮川

總 編 輯－ 王翠華

主　　編－ 陳姿穎

責任編輯－ 邱紫綾

封面設計－ 吳雅惠　陳翰陞

出 版 者－ 五南圖書出版股份有限公司

地　　址：106台北市大安區和平東路二段339號4樓

電　　話：(02)2705-5066　　傳　　真：(02)2706 6100

網　　址：http://www.wunan.com.tw

電子郵件：wunan@wunan.com.tw

劃撥帳號：01068953

戶　　名：五南圖書出版股份有限公司

法律顧問　林勝安律師事務所　林勝安律師

出版日期　2016年1月初版一刷

定　　價　新臺幣250元